Andreas Fath

RHEINES WASSER

1231 Kilometer mit dem Strom

Carl Hanser Verlag

Bildnachweise:
S. 37 / Foto: privat S. 71, 185, 190 / Fotos: Martin Suhm
S. 81, 175 / Fotos: Jonas Loritz
Alle weiteren Fotos: © braxart fotografie

1 2 3 4 5   20 19 18 17 16

ISBN 978-3-446-44871-1
Alle Rechte der deutschen Ausgabe
© Carl Hanser Verlag München 2016
Satz: Greiner & Reichel, Köln
Druck und Bindung: CPI – Ebner & Spiegel, Ulm
Printed in Germany

MIX
Papier aus verantwortungs-
vollen Quellen
FSC® C083411

INHALT

Das Prinzip aller Dinge ist das Wasser,
denn Wasser ist alles und ins Wasser kehrt alles zurück.

Thales von Milet (um 625 – um 547 v. Chr.),
griechischer Philosoph

I.
PROLOG –
ICH UND DAS WASSER

Meine erste Begegnung mit dem Wasser hatte ich, als ich mit meinem Vater auf dem Hausboot eines Freundes zu Besuch war. Was ich nicht wusste: Dort, in einem der malerischen Altrheinarme, wollte er mir das Schwimmen beibringen. Und zwar, indem er mich von der Reling ins kalte Wasser warf, verbunden mit der simplen Aufforderung: »Schwimm!« Das Erstaunliche: Ich ging nicht unter, und ich erinnere mich auch nicht an Panik oder wildes Gezappel. Nur an meinen Vater, dann irgendwann neben mir im Wasser, mit heftig rudernden Armen und der stetigen Anweisung: »Schwimm!« Offensichtlich tat ich das. Mit vier Jahren. Was zurückblieb, war die Erkenntnis, dass der Sprung ins kalte Wasser eine erfolgreiche Strategie sein kann. Auch in der Wissenschaft.

Mit acht Jahren trat ich dann in den Schwimmverein in meiner Geburtsstadt Speyer ein. Seitdem bin ich an das nasse Element verloren. Das Freibad lag direkt am Rhein. Damals traute ich mich noch nicht, in dem breiten Strom zu schwimmen. Viel mehr beeindruckten mich die riesigen Frachtschiffe, die sich nahe am Ufer stromaufwärts quälten, manchmal als Tandem im Schleppverband. Auch heute noch stehe ich gerne am »Alten Hammer« auf der Rheinpromenade und beobachte mit Enzo, meinem jüngsten Sohn, wie diese nicht enden wollenden Schiffsverbände sich durch die Mäander hindurchmanövrieren.

Auch in der Schule war es das Wasser, das mich am meisten faszinierte. Und zwar im Chemie-Unterricht, in dem sich für mich ganz neue Eigenschaften des Wassers auftaten. Dass Wasser etwa auch ein reaktives Medium sein kann, welches Metalle zum Glühen bringt, und dass eine Lampe auch unter Wasser brennen kann. Ganz zu schweigen von der Möglichkeit, mit Strom Wasser in Sauerstoff und Wasserstoff zerlegen zu können und bei der Umkehrung wieder jene Energie zu gewinnen, die vorher hineingesteckt wurde. Wasser verdunstet freiwillig, obwohl es Energie kostet, es an anderer Stelle wieder zu kondensieren. Dort, wo es kondensiert, wird diese Energie wieder freigesetzt, und der Kreislauf beginnt erneut. Dieser lebenswichtige Kreislauf fasziniert mich heute noch.

Auf die Fragen, wieso und unter welchen Bedingungen das alles passiert und welche Einflüsse diesen Wasserkreislauf stören, wollte ich Antworten haben. Seither ließ mich diese Neugier nicht mehr los: Es war klar, dass ich Chemie studieren musste. Selbst der dem Studium vorgeschaltete Wehrdienst als Fluss-Pionier hielt für mich ein besonderes Wasser-Erlebnis parat, das mir im Verlauf meines Rhein-Marathons zugutekommen sollte. Bei einem nächtlichen Wintermanöver ging ich in voller Montur über Bord und stürzte in die reißende Strömung der eiskalten Donau. Nur mit viel Glück entging ich den rotierenden Schrauben des Amphibienfahrzeugs. Gerettet habe ich mich damals gewissermaßen selbst, indem ich stromabwärts zu einem absichernden Motorboot schwamm. Obwohl ich erstmals und völlig unfreiwillig in einem stark strömenden Fluss unter ungünstigsten äußeren Bedingungen als Schwimmer unterwegs war, fühlte ich mich im Wasser sicher und stets in der Lage, die notwendigen Entscheidungen zu treffen. Angst vor starken Strömungen im Freiwasser habe ich seither nicht mehr, wohl aber viel Respekt.

Das Schwimmen hat für mich mehrfach seine Funktion geändert. Als junger Mensch war das Wasser ein Medium, in dem ich mich möglichst schnell in allen vier Disziplinen fortbewegen wollte, um schneller als die gleichaltrige Konkurrenz zu sein. Das Schwimmen half mir auch dabei, Aggressionen abzubauen. Das Wasser nahm einen wütenden Pubertierenden in sich auf und spuckte einen entspannten Heranwachsenden wieder aus: ein toller Trick. Mit dem Freiwasserschwimmen wurde Wasser dann ein Element, das die Familie zusammenbrachte. Alle Faths lieben das kühle Nass, bei vielen Schwimmmeisterschaften rückten wir als Team an, meine Frau, unsere drei Söhne und ich.

Sobald ich mit einem Kopfsprung die Wasseroberfläche durchbrochen habe und die ersten Tauchzüge unter Wasser beginne, vergesse ich das »Draußen«. Nach der Abdruckphase sehe ich beim Dreier-Zug, wie das Wasser sich links und rechts von mir kräuselt, wie bei einem Boot, welches das Wasser in zwei Hälften schneidet. Noch ist das automatisierte Gleichgewicht zwischen Armzug, Gleitphase und Atmung nicht ganz hergestellt, erst etwa nach 1000 Metern habe ich das Gefühl, mit dem Wasser in Harmonie verbunden zu sein. Jetzt bin ich angekommen und kann die nächsten Kilometer abseits der Alltagshektik abspulen. Wenn ich danach aus dem Wasser steige, fühle ich mich wie neugeboren. Es gibt keine Schmerzen, der Kreislauf ist angeregt, und die Lungen füllen sich beim Atmen, als hätten sie plötzlich das dreifache Volumen.

Dieses Wohlgefühl während des Schwimmens und danach, verbunden mit der Erkenntnis, dass ich die Welt nach diesen intensiven Erlebnissen im Wasser wieder neu sehe, birgt natürlich Suchtpotential. Gestresst, geistig und körperlich erschöpft springe ich ins Wasser, zufrieden und euphorisiert steige ich heraus. Diese Gefühle will man immer wieder haben: Mit dem Sprung ins Wasser tritt gleichermaßen ein Phasenwechsel ein. In der Flüssigphase reduziert sich die Schwerkraft, man befindet sich in einem Raum, in dem die Bewegungen in alle Richtungen müheloser ablaufen als an Land. Und diese Mühelosigkeit überträgt sich auf das Leben an Land: Wenn ich weiß, dass ich im Laufe eines Tages noch die Möglichkeit haben werde, ins Wasser zu kommen, kann ich jegliche Zusatzaufgaben, aber auch berufliche Tiefschläge, Ärger und Stress besser bewältigen. Das Schwimmen ist ein ritualisierter Ausstieg aus dem Alltag, um danach mit neuer Kraft wieder ins Tagesgeschäft einzusteigen. Das Wasser als Trennmittel der beiden »Welten« ist zum Abschalten deshalb so gut geeignet, weil es eine kommunikationsfreie Zone ist. Niemand redet auf einen ein, solange man schwimmt und nicht an einer Wende stehen bleibt. Im Becken oder im See gibt es (noch) keine Handys, keine Computer, kein Internet, nur plätscherndes und gurgelndes Wasser, welches mit den eintauchenden Armen kommuniziert.

Das Schwimmen ist für mich also zu einem heilsamen Ritual geworden, das mich vor dem inneren wie äußeren Austrocknen, dem »Burn-out«, schützt. Und das Schwimmen wurde zusammen mit der Liebe zum Wasser zum Ausgangspunkt und Hauptdarsteller des großen Abenteuers, das ich im Sommer 2014 erleben sollte. Doch begeben wir uns zunächst ein Jahr weiter zurück, in den Juni des Jahres 2013.

II.
MIT DEM STROM

1. DIE GEBURT EINER IDEE

Es war ein warmer sommerlicher Abend im Juni 2013, meine Söhne hatten die Biertische in den Garten getragen, ich grillte Steaks und Würstchen, meine Frau kümmerte sich um die gesunden Zutaten, und wir aßen draußen zu Abend. Als später unser Untermieter und kurz danach auch der Nachbarssohn, beide um die 23 Jahre alt, auftauchten und wir sie zu einem Bier einluden, saßen wir alle gemeinsam um das Grillfeuer, das wir durch Holzauflegen in ein Lagerfeuer verwandelten.

Erst der vorwurfsvolle Blick meiner Frau teilte mir unmissverständlich mit, dass ich mich einige Zeit nicht an der Konversation beteiligt hatte und das als Desinteresse an den jungen Studenten interpretiert werden konnte.

Und tatsächlich: Ich war mit den Gedanken woanders. Der Wortlaut eines am Vormittag erhaltenen Briefes spukte mir noch im Kopf herum: »Sie haben einen Antrag im Programm des Ministeriums für Wissenschaft und Kultur ›Verbesserung der Geräteausstattung‹ gestellt, doch ich muss Ihnen leider mitteilen, dass Ihr Antrag nicht zur Förderung kommen wird. … Dass Ihr Antrag bei denen, die zur Förderung empfohlen wurden, nicht dabei war, hat nichts mit einer Abwertung Ihrer Forschungsleistungen zu tun, sondern beruht einerseits auf den beschränkten Mitteln, andererseits darauf, dass anderen Anträgen größere Priorität eingeräumt wurde.« Mein Antrag hatte einem Analysegerät gegolten, mit dem man bei der Abwasserreinigung einen Vorher-Nacher-Vergleich durchführen und herausfinden kann, ob der Abbau einer Substanz, beispielsweise eines Antibiotikums, zu 95 oder zu 100 Prozent funktioniert hat. Das hört sich nach einem kleinen Unterschied an, bedeutet für den Schutz unserer Gewässer aber die Welt.

Dies war nun schon die zweite Absage, seit ich die Professur an der Hochschule Furtwangen im Oktober 2011 angenommen hatte. Im Leistungssport habe ich gelernt, mit Niederlagen umzugehen, und im Nachhinein hat sich das spanische Sprichwort »No hay mal que por bien no venga« (Alles Schlechte hat immer auch etwas Gutes) immer bewahrheitet. Es gibt kein Negativerlebnis, aus dem man nicht etwas Positives schöpfen könnte. Bevor sich diese Erkenntnis bei mir durchsetzt, werden aber meist drei Phasen durchlaufen: Am Anfang steht die Frustrationsphase. Es dauert etwa ein bis zwei Tage, bis sich meine Enttäuschung mit allem »wenn und aber« und »hätt ich doch« wieder legt.

Es folgt die Grübelphase, die – alle Umstände ignorierend – von mir Besitz ergreift, sogar während eines Grillabends. Es musste eine andere Möglichkeit geben, um meine Forschungsthemen mit dem notwendigen Equipment und Personal voranzutreiben, außer nochmals bis zur nächsten Ausschreibung einer Forschungsförderung zu warten, die wieder nur eine Erfolgsquote von 20 bis 30 Prozent verspricht. Ohne wieder zig Abende mit dem Schreiben von Anträgen zu verbringen. Schließlich war es nicht nur die Lehre, sondern auch die Möglichkeit, zu forschen, gewesen, die mich zu einem Wechsel an die Hochschule motiviert hatten.

Der Blick meiner Frau riss mich nicht nur aus meinen Gedanken, er ließ mich auch in die dritte Phase eintreten – die Phase, in der man einen Ausweg aus dem Dilemma findet, und sei er noch so verrückt. Denn urplötzlich hatte ich das Abenteuer vor Augen, das ich bestehen musste, um für meine Forschung zu werben und für den Gewässerschutz zu sensibilisieren. Die Idee, den Rhein in seiner vollen Länge von 1231 Kilometern, von seiner Quelle im Tomasee bis zu seiner Mündung in die Nordsee bei Hoek van Holland, zu durchschwimmen und ihn dabei zu beproben, war geboren.

Die Lösung liegt im Nachhinein betrachtet auf der Hand: Ich musste einfach nur meine drei Lieblingsthemen, Wasser, Chemie und Schwimmen, in einen sinnvollen Zusammenhang bringen.

In der gleichen Nacht war aufgrund der explodierenden Gedanken und des hohen Pulses an Schlaf nicht zu denken. Mir war klar, dass Organisation, Sponsorensuche, Training, Familie, Lehre und Beratertätigkeit unter einen Hut zu bringen waren und dass die eigentliche Schwimmphase nur in der vorlesungsfreien Zeit machbar war. Obwohl ich damals liebend gern noch im Sommer 2013 gestartet wäre, dauerte es ein Jahr, bis alle Vorbereitungen und Planungen abgeschlossen waren. Immer wieder stand das Vorhaben in dieser Zeit auf der Kippe. Weil die Sicherung der Finanzierung durch Sponsoren viel mehr Zeit in Anspruch nahm, als wir erwartet hatten. Weil gleich in vier Ländern behördliche Genehmigungen einzuholen und Auflagen zu erfüllen waren. Weil wir Wissenschafts- und Industriepartner, deren Unterstützung für die umfassenden Wasseranalysen vonnöten war, von der Sinnhaftigkeit und Machbarkeit unseres Abenteuers überzeugen mussten. Weil wir lange Zeit kein Motorboot mit der vorgeschriebenen Ausstattung zur Verfügung hatten. Und weil uns jemand fehlte, der willens und in der Lage war, das Boot fast vier Wochen lang vom Bodensee bis zur Nordsee zu schippern. Bis uns mein Hochschulkollege Bernhard Vondenbusch, der über die notwendigen Bootsführerscheine verfügte, mit seiner Zusage erlöste.

Die nötige Geduld und Energie aufzubringen war nur möglich, weil ich von Anbeginn die Rückendeckung meiner Familie und meines Arbeitgebers, der Hochschule Furtwangen, hatte. Und weil ich nicht nur dadurch motiviert war, meine Forschung und die wissenschaftliche Arbeit der Hochschule voranzubringen. Sondern auch durch meine über lange Jahre gewachsene Leidenschaft für das Wasser, die sich aus verschiedenen Quellen speist: Im Wasser lernte ich meine Ängste überwinden – und meine Frau kennen. Wenn es also etwas gab, für das ich im Wortsinn mein letztes Hemd geben würde, dann den Stoff, ohne den kein Leben existieren würde. Wie schon Thales von Milet vor circa 2600 Jahren erkannte. Der Mensch besteht zu drei Vierteln aus Wasser. Dass Wasser alles ist und alles ins Wasser zurückkehrt, wissen wir zwar, aber richtig verstanden haben wir es nicht, denn wir handeln vielfach ganz und gar nicht danach.

Unsere Trinkwassermenge wird immer kleiner, obwohl es eigentlich genug Wasser auf unserem blauen Planeten gibt. Mehr als zwei Drittel unseres Planeten, nämlich 71 Prozent der Erdoberfläche, sind mit Wasser bedeckt. Der mit 92,2 Prozent weitaus größte Anteil entfällt jedoch auf die Ozeane, ist damit Salzwasser und für den Menschen ungenießbar. 4 Prozent befinden sich als Wasserdampf in der Atmosphäre. Von den 3,5 Prozent des Wassers, das als Süßwasser vorliegt und damit theoretisch von den Menschen als Trinkwasser genutzt werden könnte, ist mehr als die Hälfte in Form von Eis gefangen – vor allem an den Polen, aber auch in Gletschern und Permafrostböden. Lediglich 0,6 Prozent der auf der Erde vorhandenen Wassermenge ist Süßwasser, das sich in Flüssen, Seen und dem Grundwasser befindet. Auf das Grundwasser als häufigste und sauberste Trinkwasserquelle entfallen dabei nur 0,02 Prozent der Gesamtwassermenge. Dieses wertvolle Wasser ist auf der Welt nicht gleich verteilt und erneuert sich infolge unseres hohen, immer noch wachsenden Wasserkonsums nicht schnell genug.

Dem Wasser kommt eine hohe kulturelle, ökologische und ökonomische Bedeutung zu. Mehr noch: Ohne Wasser wäre Leben, so wie wir es kennen, auf der Erde nicht möglich. Trotzdem gehen wir in den westlichen Industrieländern, aber auch in den aufstrebenden Nationen in Asien und Südamerika viel zu sorglos mit Wasser um. Zum einen wird zu viel sauberes Wasser verbraucht und mit unterschiedlichsten Schadstoffen belastet, zum anderen mangelt es in vielen Ländern an sauberem Wasser. Kriege werden in der Zukunft nicht um Öl, sondern um das lebensnotwendige H_2O geführt werden.

Heute fließen 70 Prozent des gesamten Süßwassers in die Landwirtschaft, 20 Prozent in die Industrie und 10 Prozent in private Haushalte. Im Zuge des globalen Bevölkerungswachstums wird sich der Wasserverbrauch weiter erhöhen. Während zu Beginn unserer Zeitrechnung nur 300 Millionen Menschen lebten und sauberes

Trinkwasser benötigten, sind es heute sieben Milliarden, die sich den kostbaren Rohstoff Süßwasser teilen müssen. Der Bedarf nimmt kontinuierlich zu, während unsere Süßwasserdepots durch abschmelzende Pole und Gletscher schrumpfen.

Da liegt es natürlich nahe, das größte Wasserreservoir der Erde anzuzapfen. Dazu müssten die Meere »nur« entsalzt werden. Die erste Meerwasserentsalzungsanlage der Menschheitsgeschichte ist aus der Antike überliefert. Der griechische Philosoph und Wissenschaftler Aristoteles, der von 384 bis 322 vor Christus lebte, ließ ein mit einer Harzmembran präpariertes, dicht verschlossenes Tongefäß rund 500 Meter tief ins Meer hinab. In dieser Tiefe ist der Wasserdruck etwa 50 Mal so stark wie an der Oberfläche. Zieht man das Gefäß nach etwa 24 Stunden wieder an die Oberfläche, befindet sich darin Süßwasser. Durch solch hohe Drücke lässt sich die Osmose umkehren. Osmose ist ein Verfahren, bei dem Wasser mit wenigen gelösten Teilchen durch eine halbdurchlässige Membran in eine höher konzentrierte Lösung wandert, um den Konzentrationsunterschied auszugleichen. Das passiert so lange, bis die Konzentrationen auf beiden Seiten der Membran ausgeglichen sind. Aus diesem Grund trocknet jede Zelle aus und der Körper dehydriert, wenn man Salzwasser trinkt. Oder die Zellen platzen, wenn man destilliertes Wasser zu sich nimmt. Mit Umkehrosmoseverfahren wird Salzwasser durch eine semipermeable Membran gepresst, wobei das Kochsalz im Konzentrat zurückbleibt und auf der anderen Seite entsalztes Wasser gewonnen wird. Auch mit thermischen Verfahren lässt sich Salzwasser entsalzen. Entweder durch Verdampfen und Kondensieren der Flüssigkeit; oder indem man das Wasser ausfriert, abtrennt und wieder schmilzt. Mit einer Elektrodialyse, bei der Wasser und Salz durch den Einsatz von elektrischem Strom voneinander getrennt werden, ist ebenfalls Trinkwasser herstellbar. Alle aufgezählten Verfahren haben jedoch ein Problem gemeinsam. Sie kosten sehr viel Energie.

So faszinierend und wichtig der Forschungsdrang aber auch ist, neue Trinkwasserquellen zu entwickeln, so bedeutsam bleibt es aus meiner Sicht, die bestehenden Quellen zu schützen. Wasser ist nicht ersetzbar wie etwa Erdöl. Zu Wasser haben wir keine Alternative. Dass wir Energie sparen müssen, ist in unseren Breiten angekommen. Beim Wasser machen wir uns weniger Sorgen. Wir sind zwar global vernetzt, machen uns aber keine globalen Gedanken. Im Schwarzwald, wo ich lebe, wo es überall in Seen, Flüssen und Bächen, die sauberes Wasser führen, gurgelt und sprudelt, fehlt die Vorstellung, wie knapp das Wasser in Kalifornien oder Bolivien ist. Dabei sind wir durch unser Konsumverhalten mitverantwortlich für die Wassernot anderer Länder. Zum Beispiel weil wir inzwischen zu jeder Jahreszeit das komplette Nahrungsangebot in unseren Supermärkten vorfinden möchten, unabhängig davon, wie wasserverbrauchsintensiv die Kultivierung im Exportland ist. Produkte, in deren Entstehung viel Wasser fließt, entziehen dem Wasserkreislauf dort, wo sie wachsen oder hergestellt werden, das Wasser. Solch »virtuelles Wasser« steckt in zahllosen Produkten, ohne dass wir uns den mit deren Fertigung verbundenen Wasserverbrauch bewusst machen: 11 000 Liter etwa in einem Kilo Baumwollkleidung, 2200 Liter in einer Rindfleischbulette und 5000 Liter in einem Kilo Käse. Durch den Import wasserintensiver Produkte wird das Wasserverteilungsungleichgewicht immer größer. Bei einem solch lebenswichtigen Rohstoff wie Wasser stellt ein sich weiter verschlechterndes Ungleichgewicht eine Gefahr für den Weltfrieden dar.

Vor diesem Hintergrund fällt es mir schwer, auch in einer wasserreichen Region, ohne ein schlechtes Gewissen Trinkwasser zu verprassen. Schon gar nicht für so »niedere Zwecke« wie die Toilettenspülung, die Gartenbewässerung, die Autowäsche oder das Wäschewaschen, denn es gibt keinen vernünftigen Grund, warum man dafür Trinkwasser verwenden muss.

Auch darum ging es also schon im Juni 2013, als die Idee geboren wurde, den Rhein zu beschwimmen. Nicht nur um das neue Analysegerät, sondern darum, Aufmerksamkeit zu wecken für die vielen Wege, die wir normalen Konsumenten beschreiten können, um unsere Gewässer zu schützen, Wasser zu sparen und – auch wenn es vielleicht etwas groß und vermessen klingen mag – damit sogar Kriege um Wasser wie in Bolivien zu verhindern. Nach einem Jahr intensivster Vorbereitung sollte sie dann beginnen, meine Reise mit dem Strom.

2. IM GRAND CANYON EUROPAS –
DER VORDER- UND ALPENRHEIN

Es war nur ein kurzer, wenig intensiver Schlaf. Um 5 Uhr wache ich nervös auf. Nervös, weil noch nicht alles gepackt war und ich ständig Panik verspürte, irgendetwas Wichtiges vergessen zu haben. Viele Dinge lassen sich zwar unterwegs besorgen, aber nicht eine Spezialausrüstung für eine Marathonschwimmstrecke durch den Rhein.

Ich gehe noch einmal die Materialliste durch und packe alles in den Vito. Mit meinem Sohn Leo hieve ich unser Kajak aufs Dach und sein Mountainbike auf den Radträger. Bevor wir Leos Freund und Klassenkameraden Tim Böhler abholen, fahre ich noch am Haslacher Freibad vorbei und verabschiede mich vom Bademeister Thomas Maier und dem gesamten Badepersonal, das mich in der Vorbereitungsphase so engagiert unterstützt hat.

Es geht los. In unserem »Rheinmobil«, auf dem eigens für unser Projekt »Rheines Wasser« der komplette Rheinverlauf farbenprächtig nachgezeichnet ist und alle markanten Sehenswürdigkeiten zu finden sind: ein echter Eye Catcher. Die Sitze wurden ausgebaut, sodass die Ladefläche bis unter das Dach mit Analytikmaterial vollgepackt werden konnte. Mit diesem Fahrzeug, das leicht mit einem fahrenden Drogenlabor verwechselt werden kann, den Grenzübergang in die Schweiz anzusteuern, bereitet mir ein mulmiges Gefühl. Zumal ich bisher noch nicht die Bekanntschaft von lockeren Grenzbeamten gemacht habe.

Das große Wohnmobil und unser mit dem Streckenverlauf verziertes
»Rheinmobil« kurz vor der Abfahrt im Innenhof der Hochschule Furtwangen

Die Sorge war unbegründet. Da meine Kollegen an der Hochschule wirklich alles einschließlich sämtlicher Reagenzgläser und Kanülen im Detail auf einer endlosen Liste aufgeführt und deklariert haben, müssen wir uns keiner langwierigen Kontrolle unterziehen. Wir tauschen den Rheines-Wasser-Aufkleber gegen die bei den Eidgenossen obligatorische Autobahn-Vignette, erklären den Grenzern unser Vorhaben – und verlassen unter verständnislosem Kopfschütteln der Beamten den Grenzbezirk.

Angekommen im Gasthof Glenner in Ilanz, gibt es für unsere 14-köpfige Gruppe ein Abendmenü. Das Kernteam, mit dem ich mich gemeinsam ins Abenteuer stürze, besteht aus: meiner engsten Mitarbeiterin und Praktikantenbetreuerin Helga Weinschrott, die für die Probennahme und -versorgung zuständig ist, meinem Professoren-Kollegen Bernhard Vondenbusch, der vom Bodensee bis zur Nordsee das motorisierte Begleitboot fahren wird, Frank Weinschrott, Helgas Sohn, verantwortlich für den Probentransport an das Hochschullabor, meinem Sohn Leo, der manchmal mitschwimmen und mich häufig motivieren wird (»Komm, Vadder, stell dich ned so an, des bissle Schwimme«), Tim Böhler, einem Schulkameraden von Leo, Hubert Braxmaier, der die Fotos schießen wird, Jonas Loritz, zuständig für die Mikroplastikuntersuchungen, Philipp W. Neek, verantwortlich für die analytischen Schnelltests, und schließlich Tim Bornschein, auch er eigentlich zuständig für die analytischen Schnelltests, später aber in erster Linie als mein »Lebensretter« und persönlicher Betreuer unermüdlich im Einsatz.

Dass meine Frau Nicola nicht von Anfang an dabei sein kann, ließ sich leider nicht vermeiden. Und wäre dem Vorhaben und mir in den ersten Tagen nach dem Start beinahe zum Verhängnis geworden. Mit Erreichen des Bodensees weicht sie nicht mehr von meiner Seite, sobald ich das Wasser verlasse. Sie sorgt dafür, dass die Regeneration zwischen den Etappen nicht zu kurz kommt, motiviert und ermutigt mich an schlechten Tagen, übernimmt kurzerhand die Projektorganisation vor Ort, hält als »gute Seele« das Team zusammen und kümmert sich auch noch um den Rest der Familie, angefangen bei Enzo, unserem jüngsten Sohn, bis hin zu Eltern und Schwiegereltern.

Als sich unsere Truppe am Sonntagabend bei Speis und Trank auf den Start des »Schwimm-Marathons im Dienst der Wissenschaft« in den Graubündner Alpen einstimmt, sind auch Max Bodendorf und Windy Asridya vom Medienteam dabei, das einen Dokumentarfilm von unserem Rheinabenteuer drehen wird, ebenso Martin Aichele, Professor an der Fakultät für Digitale Medien unserer Hochschule, der anfänglich die Dreharbeiten koordiniert und unser großes Wohnmobil steuert. In den kommenden vier Wochen werden weitere Helfer und Begleiter hinzukommen, andere wechseln sich zwischendurch untereinander ab. Insgesamt ein ordentlicher Tross, der da zusammengekommen ist, um gemeinsam mit mir meine »verrückte« Idee Wirklichkeit werden zu lassen. Ich kann mich wirklich glücklich schätzen, so viel Unterstützung zu erfahren. Ein gutes Gefühl! Schließlich würde es am folgenden Tag ernst werden.

7 Uhr. Kaffeeduft zieht durchs Haus. Beim Frühstück werden die letzten Details besprochen. Kamerateam und Analytikgruppe sollen vor 8 Uhr auf dem Oberalppass sein und alles Material, was am See gebraucht wird, den Helikopterpiloten übergeben. Der Helikopter bietet neben Torbogen und Marketingmaterial noch Platz, unsere Probengefäße, Filter und Pumpen sowie eine Taucherausrüstung einschließlich Bleigürtel und Sauerstoffflaschen mitzunehmen. Den Bleigürtel hatte Max vergessen mitzugeben, sodass er die 8 Kilogramm Blei zum See hochschleppen musste. Nachdem die Vorhut aufgebrochen ist, packe ich meine Schwimmutensilien (Kappe, Schwimmbrille mit fünf Dioptrien, Triathlonanzug, Schwimmneopren und noch ein großes Handtuch) in den Rucksack. Für den Aufstieg zu Fuß reicht das. Dann wecke ich Leo und Tim, wir frühstücken zusammen in aller Ruhe. Man erwartet uns gegen 11 Uhr am See.

Der Tomasee in den schweizerischen Alpen im Kanton Graubünden liegt auf 2345 Meter über dem Meeresspiegel. Er gilt als Quelle des Rheins. Der Alpensee speist sich aus dem Schmelzwasser von Gletschern und Schneefeldern. Mit etwa 200 Metern Länge ist es ein kleiner, aber sehr kalter See. Ich hatte mir vorgenommen, im Rhein überall dort zu schwimmen, wo es möglich und behördlich erlaubt ist. Im Tomasee ist beides der Fall. Außerdem bietet sich die Quelle des Rheins als Referenzprobe an, wenn man wie wir die Wasserqualität entlang des gesamten Stromlaufs untersuchen möchte.

In den Pfingstferien war ich zu einer Art Generalprobe schon einmal hier gewesen. Nach beschwerlicher Anfahrt war ich mit meinen Söhnen Moritz und Leo zuletzt über ein etwa 5 Meter breites und 30 Meter langes, schräg abfallendes Schneefeld gestapft. Irgendwo darunter floss der Tomasee ab und kam rauschend als Wasserfall unter

dem Schneefeld herausgeschossen. Auf dem obersten Plateau angekommen, konnten wir einen Blick auf den See werfen. Der Anblick
überraschte uns: Der See war außer an der Eintrittsstelle eines Rinn-
sals zugefroren. Würde dies Ende Juli noch immer so sein? Ganz aus-
schließen kann man es nicht, sagen uns Einheimische.

Jetzt, zwei Monate später, trennen uns nur noch wenige Schritte
auf Felsblöcken über den Wasserfall hinweg, bis sich der Blick hinter
der Abflusszunge auf das Bergpanorama und den Tomasee eröffnet.
Der See ist, Gott sei Dank, frei von Eis. Ruhig und glatt wie ein Spiegel, in dem noch mehr Berge zu sehen sind, liegt er da. Am gegenüberliegenden Ende ist der See etwas breiter. Hier wird er begrenzt
von ebenen Grünflächen, auf denen sich bereits einige Leute bewegen. Ein kleiner Wanderpfad führt rechts, mal näher, mal weiter, um
den See herum. Vom Weg aus überblickt man den ganzen See. Auf
der gegenüberliegenden, steileren und schroffen Bergseite liegen noch
einige Schneefelder im Schatten, die dem See immer noch in kleinen
Rinnsalen Schmelzwasser zuführen. Etwa in Höhe der Mitte des Sees
kommen wir an einer Bronzetafel vorbei, die in den Fels unmittelbar
neben dem Pfad eingelassen ist. Die Tafel bringt mich ins Grübeln,
denn ihre Inschrift lautet »RHEINQUELLE – 1320 km bis zur Mündung«. Es sind doch nur 1231 Kilometer, das ist bei Wikipedia und in
jedem Buch über den Rhein nachzulesen!

Mittlerweile weiß ich, dass ich die 90 Kilometer, die ich zwischen
Basel und Karlsruhe weniger zu schwimmen hatte, Johann Gottfried
Tulla zu verdanken habe, der zwischen 1817 und 1876 den Rhein auf
dieser Strecke begradigte, um ihn bis zur Schweizer Grenze schiffbar
zu machen. Dann müsste die Bronzetafel deutlich über hundert Jahre
alt sein. Sie sieht aber nur wenig verwittert aus. Liegt das am Sauerstoffmangel in 2345 Höhenmetern? Nach kurzer Ratlosigkeit ziehen
wir weiter zum Start. Der Wanderweg um den See ist deutlich länger
als die Kurzstrecke durch den See. Egal, wie kalt er ist, mehr als drei
Minuten werde ich für die Strecke im Kraulstil nicht benötigen, das
müsste auszuhalten sein.

»Jedem Anfang wohnt ein Zauber inne«: Die Quelle des Rheins,
den Tomasee, zu betreten, dessen Wasser mich mehr als 1000 Kilometer
begleiten wird, erfüllt mich mit Ehrfurcht und Respekt

Auf der Startseite tummeln sich schon einige Fernsehleute und testen
Bildeinstellungen, während Jonas, Philipp, Helga und Bernhard bereits die Pumpe in Betrieb nehmen, um 1000 Liter Wasser zu filtrieren. Mit dem 12-Volt-Batteriebetrieb wird dies ohne Verzögerung
etwa zwei Stunden dauern. Das heißt, genau genommen sogar vier
Stunden, weil eine Kontroll- bzw. Vergleichsprobe erstellt werden
muss. Der Sand im Filter stellt selbst zusammen mit Holzstückchen,
Algen, Krebstieren und Muscheln für die Untersuchung der Mikro-
plastikbelastung des Wassers, welche eine Hauptaufgabenstellung
unseres Projektes ist, kein Problem dar. Er wird später während einer
Dichteseparation von dem leichteren Kunststoff abgetrennt. Für alle
anderen organischen Materialien, die im Filter landen, werden Enzy-
me und Wasserstoffperoxid eingesetzt, die diese Substanzen zersetzen,
bis sie löslich werden. Zurück bleiben nur die resistenten Mikroplastikpartikel. Im Startbereich freue ich mich, Matthias Ruff vom
führenden Schweizer Wasserforschungsinstitut EAWAG anzutreffen.
Er hat sich bereit erklärt, die gesammelten Flüssigproben entlang des

Rheins aufzuarbeiten und auf deren Inhaltstoffe zu analysieren: von Süßstoffen über Korrosions- und Pflanzenschutzmittel bis hin zu Pharmazeutika.

Ich ziehe mich fröstelnd aus und wate dann los: zunächst durch sumpfiges kaltes Gras, dann in knöcheltiefes Wasser. Der erste Kontakt mit »Vater Rhein« ist deutlich kälter als ein Kneippkurbecken. Die Blutversorgung in den Füßen zieht sich vor Schreck zurück. Philipp schreit mir zu: »7,4 Grad Celsius – am Ufer gemessen.« Ich denke an meinen Sohn Moritz, der an den Füßen extrem kälteempfindlich ist und schon an der Nordsee bei 14 bis 16 Grad vor Schmerz schreiend wieder aus dem Wasser gerannt kam. Ich muss ziemlich lange im steinigen Schlick laufen. Dann spüre ich nur noch Kälte und keine Steine mehr, obwohl sie noch da sind. Jetzt eine Glasscherbe, und das wäre es gewesen. Nach weiteren Schritten stumpft auch der Kälteschmerz ab, und nach etwa 20 Metern wird es so tief, dass ich mich nach vorne ins Wasser gleiten lassen kann. Die Kälte im Gesicht und an den Ohren ist ein Schock und Bewegung die Erlösung. Sofort beginne ich mit den Kraulzügen, rhythmisch, automatisiert. Das eiskalte Wasser steigt in meinen Neoprenanzug.

Es ist kaum auszuhalten. Meine Atmung wird schneller, da sich alle inneren Organe vor der Kälte zurückziehen. Ich schwimme über tiefblaues klares Wasser. Der Grund ist dennoch nicht mehr zu sehen. Der See muss hier tiefer als 20 Meter sein. Dreierzug ist aufgrund der Atemnot nicht möglich. Das Wasser schmerzt an den Schneidezähnen. Ich schiebe meine Oberlippe darüber und schmecke bewusst das Wasser. Kindheitserinnerungen werden wach: Es ist, als ob man an einem Schneeball lutscht. Das habe ich schon jahrzehntelang nicht mehr getan, doch die Erinnerung daran ist noch abgespeichert. Der See ist länger als gedacht, ich bekomme Zweifel. Ich spüre meine Füße nicht mehr. Um mich selbst davon zu überzeugen, dass sie noch da sind, mache ich einen stärkeren Beinschlag und erhöhe die Armzugfrequenz. Ich sehe unter meiner rechten Achselhöhle, wie ich etwa fünf Meter an einem größeren Schneefeld vorbeischwimme. Was für ein Anblick: Schnee und Schwimmen hatte ich bisher noch nie in Einklang gebracht. Jetzt kann es nicht mehr weit sein, ich sehe wieder den Grund unter mir, Felsbrocken, auch scharfkantige, und das Wasser wird flacher. Trotz Kälte, die ich jetzt an den nackten Händen, Füßen und Gesicht nicht mehr spüre, schwimme ich so weit ans Ufer, wie es geht, um mich nicht an den Felskanten zu verletzen. Als ich mit den Händen den Grund ertasten kann, richte ich mich auf und steige auf eine glatte Felsplatte. Geschafft, erst einmal.

Auf den Temperaturunterschied reagiert die Haut sofort. Alle Gefäße öffnen wieder ihre Tür, und das Blut schießt aus dem lebenserhaltenden inneren Kreislauf in die Extremitäten und das Gesicht. Innerhalb weniger Sekunden wechseln diese Körperteile die Farbe von Weiß zu Krebsrot. Dann plötzlich das Signal der anwesenden Presse: Ich solle noch einmal in den See, die Bilder seien nicht gut geworden. Also nicht lange nachdenken, etwa zehn Meter raus- und wieder zurückschwimmen. Das ganze zwei, drei Mal, dann geben sie ihr Okay. Beim zweiten Mal war es gefühlt gar nicht mehr so kalt. Matthias Ruff wirft mir eine Probeflasche zu, und ich ziehe im schwimmtiefen Wasser die erste Wasserprobe des Projekts. In ihr finden wir später keine anthropogenen Spuren. Zumindest keine Arznei- und Düngemittel und auch keine Süßstoffe. Das hatten wir auch erwartet, schließlich lebt auf dieser Höhe in Graubünden niemand, und Landwirtschaft wird hier oben auch nicht betrieben. Dennoch sind Spuren unserer Zivilisation und unseres Lebensstils auch im Tomasee zu finden: 270 Kunststoffpartikel finden wir in unserem Filtrat von 1000 Litern aus der Rheinquelle – eine absolut unerwartet hohe Anzahl. Wanderer könnte man höchstens für Makroplastikverunreinigungen durch verantwortungsloses Entsorgen ihrer Proviantverpackungen zur Erklärung heranziehen. Woher kommt diese Mikroplastikverunreinigung also? Der Tomasee speist sich aus Schmelzwasser und hat eine sehr geringe Abflussmenge, wodurch sich eingetragenes Mikroplastik in dieser Senke über einen längeren Zeitraum akkumulieren kann. Tatsächlich – so die einzig plausible Erklärung – müssen die abschmelzenden Schneefelder um den See bereits Mikroplastik enthalten, das durch unvollständiges und unsachgemäßes Verbrennen von Kunststoffen mit der heißen Abluft und anderen Stäuben in die Atmosphäre aufsteigt und mit dem Niederschlag wieder deponiert wird. Auch in den Alpen. Nur so ist auch zu erklären, weshalb im Tomasee sogar Perfluorierte Tenside (PFT), die zum Beispiel beim Einsatz von Feuerlöschschaum in die Atmosphäre entweichen, nachzuweisen sind.

Nach der Durchquerung des Sees schlendere ich barfüßig und gut gelaunt mit den Jungs zurück zum Ausgangspunkt. Mittlerweile hatten sich noch weitere Neugierige versammelt, unter ihnen Murmeltiere, die ihre Köpfe aus den Bauten steckten, und Bergziegen, die keine Scheu vor Körperkontakt zu haben scheinen. In Rufweite zu den Fernsehleuten höre ich die Bitte, ich müsse den Start auch noch einmal machen, da sie kein sendefähiges Material haben. Also auch den Start noch einmal bis zu den ersten Schwimmzügen. Als ich meine Sachen zusammenpacke, trifft die zweite Studentengruppe, das Team Video, erschöpft am Tomasee ein. Sie hatte vom Oberalppass doch zweieinhalb Stunden zu Fuß benötigt. Der Anstieg mit der Taucherausrüstung und dem 8 Kilogramm schweren Bleigürtel hat deutliche Ermüdungsspuren hinterlassen, vor allem bei Max, der ja mit mir zusammen ins Wasser wollte, um den Start aus der Wasserperspektive zu filmen. Die Enttäuschung, dass nun alle Mühe umsonst gewesen sein könnte, steht ihm ins Gesicht geschrieben.

Also musste ich ein viertes Mal ins Wasser, um wenigstens die Unterwasserkamera und die geschleppte Taucherausrüstung zum Einsatz zu bringen. Während meine Kollegen und Studenten immer noch am Filtrieren sind, schlüpfe ich in mein Fahrraddress und ziehe warme Klamotten darüber. Leo und Tim sind schon aufgebrochen und machen sich beim Wasserfall bereits bei leichtem Nieselregen an den Abstieg zu den Fahrrädern. Vom Tomasee bis hinab nach Ilanz führt der Rhein als Bächlein nur knöcheltiefes Wasser und ist auf dieser Strecke unzweifelhaft nicht schwimmbar.

Abends zurück im Gasthof, stoßen Jürgen Baumann und Klaus Lustig zu uns. Neben meinem alten Freund Franz Wölfle werden sie mich ab dem dritten Tag im Kajak begleiten. Eigentlich war für den Vorderrhein Norbert Kopp eingeplant, der schon seit Jahren den Vorderrhein befährt und sogar einen Kajakführer für diesen anspruchsvollsten Teil des Rheins geschrieben hat. Norbert hatte sich einige Tage zuvor noch einmal ein genaues Bild der Strecke von Ilanz bis zum Bodensee gemacht. Er sollte auch in Erfahrung bringen, ob man kurz vor St. Margrethen den Alten Rhein anstelle des Kanals schwimmen kann. Das würde die Königsetappe im Bodensee um etwa 10 Kilometer verkürzen, zumal der Kanal wie eine Kanüle in den Bodensee sticht und man dann noch einige Kilometer zum Ufer zurückschwimmen müsste. Es war möglich, der Altrhein hatte genug Wasser, um es zu riskieren. Norbert hatte gute Vorarbeit geleistet und mir im Vorfeld bei einem Treffen in Haslach die Route und die Gefahrenpotentiale erklärt. Leider erkrankte er kurz vor Projektstart und bekam von seinem behandelnden Arzt keine Paddelerlaubnis.

Um 22:30 Uhr liege ich im Bett. Aber einschlafen kann ich lange nicht. Der vermeintlich ruhige erste Tag war schon so erlebnisreich, wie wird es erst morgen werden auf der riskantesten Etappe im Wildwasser des europäischen Grand Canyons. Ich lausche dem Regen und den ruhigen Atemzügen der Jungs, die sofort eingeschlafen sind. Eigentlich ist Regen gut. Der Fluss füllt sich, das Flussbett wird tiefer und die Gefahr, an herausstehenden Felsen hängen zu bleiben oder unterspult zu werden, wird kleiner. Irgendwann beruhigt mich dieser Gedanke, und ich schlafe ein.

Noch in der Nacht sind Bernhard und Frank mit den ersten gekühlten Proben für die Bestimmung der Mikroorganismen zurück zur Hochschule gefahren. Eine Probe wurde vergessen. Da der Kühlschrank im Wohnmobil immer noch nicht zum Laufen gebracht werden konnte, wird die Referenzprobe vom Tomasee im Kühlschrank des Gasthofs zwischengelagert. Improvisationskunst werden wir während des gesamten Projekts immer wieder zeigen müssen.

DIENSTAG 29.07.2014
ILANZ–CHUR (26 KM)
»GEGEN DIE NATUR MACHST DU IMMER DEN ZWEITEN«

Um 5:54 Uhr wache ich auf – kurz bevor mich um 6 Uhr der Wecker aus dem Schlaf geklingelt hätte. Es ist so weit, heute werde ich die zweite Etappe genau dort starten, wo sich 1969 Klaus Pechstein auf den Weg gemacht hatte, um als erster Mensch den Rhein in 30 Tagen bis nach Hoek van Holland zu durchschwimmen. Einige Monate vor seinem Tod Ende 2013 hatte ich mit ihm telefoniert. Zwei seiner Sätze habe ich noch im Ohr: »Heute ist das sicher einfacher. Erstens ist der Rhein viel sauberer als damals, und zweitens sind die Neoprenanzüge viel besser.« Mit den letzten Aussagen hatte er recht, doch hätte ich gerne noch mit ihm diskutiert, ob es im Jahr 2014 tatsächlich einfacher war, den Rhein zu durchschwimmen, als 45 Jahre zuvor. Denn seit 1969 sind einige Staustufen hinzugekommen, die den Rhein langsamer fließen lassen, und das erschwert wiederum das Schwimmen. Wie gerne hätte ich mehr davon erfahren, wie sein Rhein-Abenteuer damals für ihn war. Doch unser Gespräch war kurz. Klaus Pechstein wird mir so wie auf dem Foto abgebildet in Erinnerung bleiben. Ein Foto, das mich heute, Ende Juli 2014, motiviert, die gefährliche Passage im Vorderrhein zwischen Ilanz und Versam in Angriff zu nehmen.

Kurz nach 6 Uhr betrete ich gemeinsam mit dem Wirt die Gaststube, und wir erwecken sie mit Licht, Radio und Kaffeemaschine zum Leben. Der Regen hat endlich aufgehört, und die Wolkendecke hat bereits Risse bekommen. Ich bin kein Frühaufsteher, aber die Adrenalinausschüttung aufgrund der bevorstehenden Aufgabe macht mich hellwach. Der sprichwörtliche »Sprung ins kalte Wasser« hat heute eine doppelte Bedeutung: eine handfeste, denn die Wassertemperatur liegt unter 10 Grad Celsius, und eine übertragene, weil ich zuvor noch nie eine so lange Strecke im Wildwasser geschwommen bin. Nach

Klaus Pechstein 1969 im Vorderrhein (*Rhein-Zeitung*)

und nach füllt sich die Gaststube mit Paddlern, Raftern, Analytikern, Film- und Medienteam. Nach dem Frühstück nehme ich Neoprenanzug und zwei Schwimmbrillen unter den Arm. Alles andere Gepäck wird in die Fahrzeuge geladen, denn die nächste Nacht werden wir in Chur verbringen. Beim Abschied vom Gasthof Glenner drückt mir unser Gastwirt Herr Müller-Oswald die Hand und sagt mir einen Satz, den ich nicht mehr vergessen werde: »Viel Glück und denk daran: Gegen die Natur machst du immer den Zweiten.«

Bald darauf zwänge ich mich in meinen Neoprenanzug. Es ist heiß. Jetzt noch der Canyoning-Anzug darüber, Ellbogen und Knie mit einem härteren Kunststoff verstärkt, Neoprenmütze, Handschuhe und Helm, vorher noch die Schwimmbrille. Der Schweiß rinnt aus allen Poren, der Körper verlangt nach Abkühlung. Die wird er über lange Zeit bekommen. Kurz diskutiere ich mit Katrin Blumberg, der uns begleitenden Rafting-Expertin, darüber, ob ich Hydrospeed und Flossen haben will. Diese Ausrüstung würde es mir einfacher machen, im Wildwasser zu steuern. Das Schwimmen wäre damit weniger anstrengend. Ein Hydrospeed ist nichts anderes als ein kleineres Surfbrett, auf das man sich mit dem Oberkörper legt. Ich denke an das Foto von Klaus Pechstein und möchte die ganze Wasserreise ebenso wie er ohne Schwimmhilfsmittel bewältigen, also lehne ich ab.

Kurz nach der Brücke unweit des Gasthofs, der uns berherbergte, zweigt ein Schotterweg links hinunter zum Fluss ab. Der Rhein verbreitert sich hier, wo bereits das rote Schlauchboot für sechs bis acht Mann Besatzung und die Kajaks deponiert sind. Über eine Rampe lassen wir das Raft und die Kajaks die steile Böschung zwischen den dicht stehenden Bäumen hinunter und klettern dann hinterher. Nahe am durch die Regenfälle stark angefüllten, reißenden Fluss liegt eine größere mit Füßen festgetretene Sammelstelle. Ab hier gilt der Rhein als schwimmbar. Seine Strömung hat noch einmal zugelegt über Nacht: Jetzt sind es 100 Kubikmeter, also 100 000 Liter Wasser, die in einer Sekunde an uns vorbeirauschen. Bei meinem letzten Besuch im Juni war es knapp die Hälfte. Oscar, der Raftguide, war damals schon dabei. Ich kenne ihn und vertraue ihm. Er hat den Fluss auf seiner Hausstrecke schon unzählige Male mit dem Kajak bis Reichenau befahren. Die beiden Tims und Leo werden im Raft mitfahren und bekommen eine intensive Einweisung, welche Kommandos wie auszuführen sind. Im Uferbereich führt Oscar vor, wie das Manöver »Mann über Bord« durchzuführen ist: Man muss schon beim Hineinfallen versuchen, die Bootsleine zu greifen, die rund um das Schlauchboot gespannt ist. Derjenige, der dem Hineingefallenen am nächsten ist, packt ihn an den Trägern der Schwimmweste, stemmt die Füße gegen die Bordwand und setzt mit einem Ruck sein ganzes Körpergewicht ein, um den Mann oder die Frau aus den ungebändigten Wassern des Alpenrheins herauszuziehen.

Mir selbst war beim Anblick des laut tosenden Flusses schnell klar, dass auf dieser Etappe meine Gesundheit, vielleicht mein Leben von Tobi Fischer, dem mich begleitenden Kajakguide, abhängen würden. In einer ausführlichen, fast einstündigen Demonstration erklärt er mir die Gefahren des Stroms: Vor allem vom Uferbereich solle ich fernbleiben, denn umgestürzte oder ins Wasser ragende Bäume und

Sprung ins kalte Wasser: Das Abenteuer Wildwasser beginnt –
Raft und Paddelboot begleiten mich durch den »Grand Canyon Europas«

Sträucher stellen ein großes Risiko dar. Ein Ankämpfen gegen die
Wassermassen, die einen darunterdrücken, ist schlicht unmöglich.
Gerät man dabei unter die Wasseroberfläche, ertrinkt man als Paddler wie als Schwimmer. Gefährlich sind natürlich auch Felswände mit
Unterspülungen und sogenannte Walzen oder Löcher hinter Felsbrocken im Fluss, in die man hineingesaugt werden kann. Aber auch der
bloße Kontakt mit den harten Gesteinsbrocken im Fluss über oder
unter Wasser ist eine Gefahrenquelle. Bei einer ständig wechselnden
Wassertiefe muss ich permanent die Schwimmlage ändern: von einer
aktiven auf dem Bauch zu einer passiven auf dem Rücken bei geringer Tiefe. Im Wildwasser schwimmt man idealerweise in Rückenlage
Füße voraus, sodass man Felsbrocken und Steine unter Wasser zuerst mit den Füßen erspürt und dann noch die Möglichkeit hat, sich
abzustoßen, um eine schmerzhafte und gefährliche Kollision zu vermeiden. Mit dem Kopf voraus ist das unmöglich. Ebenso darf man
auf keinen Fall bei niedrigem Wasserstand aufstehen, um zu Fuß im
Wasser zu gehen. Nur ein einziges Mal werde ich leichtsinnigerweise
nicht an diese Anweisung denken. Sofort gerate ich mit einem Fuß

unter einen Felsen. Die Wassermassen pressen meinen Oberkörper unnachgiebig weiter. Ich reagiere panisch. Das ist genau die Situation, vor der mich Tobi gewarnt hat. Ein explosives, ruckartiges Zurückreißen des eingeklemmten Beins befreit mich, und ich platsche Bauch voraus aufs Wasser.

Lernen muss ich vor dem Sprung ins Wildwasser auch noch, wie man eine sogenannte Seitfähre macht. Das ist lebenswichtig, wenn mitten im Strom auf einmal ein Felsbrocken oder anderes Hindernis im Weg steht. Eine Seitfähre ist nichts anderes als das, was auch am Seil geführte Fähren machen. Sie stellen sich schräg in die Strömungsrichtung. Für den Schwimmer im Vorderrhein, der nirgends festgebunden ist, heißt das, für eine Seitfähre nach rechts umzudrehen und mit maximaler Geschwindigkeit in Richtung fünf vor zwölf gegen die Stromrichtung zu schwimmen, die aus 12 Uhr kommt. Damit hat der Schwimmer zwei Geschwindigkeitsrichtungen: eine in Strömungsrichtung auf das Hindernis zu und eine in Richtung 5 vor 12. Die resultierende Geschwindigkeit dieser beiden Komponenten weist Richtung rechtes Ufer. Entsprechend schwimmt man in Richtung 5 nach 12 für eine Seitfähre Richtung linkes Ufer.

Tobi fährt in seinem Kajak etwa zehn Meter voraus und ist so mein verlängertes bzw. erhöhtes Auge. Meine Augen in Schwimmlage sind etwa 20 Zentimeter über Wasser. Das reicht nicht aus, um über den nächsten Wellenberg zu schauen. Auch den Kopf unter Wasser zu halten, um so Hindernisse zu erspähen, ist hoffnungslos. Das Wasser ist durch aufgewühltes und zuströmendes Sediment trüb. Zudem ist man so schnell unterwegs, dass, sobald man einen dunklen Fels unmittelbar vor sich erkennt, ein Kontakt unausweichlich ist. Da ich von dem vorausfahrenden Tobi nur den Rücken zu Gesicht bekomme und man bei dem Tosen der Wassermassen kein Wort versteht, signalisiert das Heben des linken Armes mit Wink-Bewegung der Hand nach links außen eine Seitfähre nach links, das Heben des rechten Armes mit Wink-Bewegung nach rechts entsprechend eine Seitfähre nach rechts. Des Öfteren folgt diesem Seitfährensignal eine ziehende Bewegung mit einer Wiederholung: als ob man einen Apfel über Kopf pflücken wollte, ihn verfehlt und nochmals herunterzieht. Das bedeutet: Es ist Eile geboten, also die Seitfähre bitte schön mit Volldampf, so lange, bis ich beim Kraulsprint unter der Achselhöhle hindurch das Okay-Zeichen, einen mit Daumen und Zeigefinger geformten Kreis, sehe. Danach drehe ich mich sofort mit Maximalpuls auf den Rücken, um wieder Sichtkontakt zu Tobi zu haben. Das Zeichen »Zwei Finger, Ringfinger und Mittelfinger« hat im Fluss übrigens wenig mit »Victory« zu tun, sondern bedeutet passive Schwimmlage, also Rückenlage und Füße nach vorne wegen flachen, steinigen Gewässers. Wenn gar nichts mehr geht und wir beide auf eine Gefahr nicht mehr schnell genug reagieren können, soll ich mich an den beiden Griffen auf das Kajak ziehen und so keine Angriffsstelle bieten. Dies würde allerdings auch die Manövrierfähigkeit des Kajaks ziemlich einschränken.

Erholungsräume im Fluss, auch mittels Seitfähre anzuschwimmen, sind die Kehrwasser. Diese entstehen hinter einem größeren Hindernis. Liegt es nahe am Ufer, strömt das Wasser an einem Felsbrocken oder einer Sandbank vorbei und wird am Festkörper abgebremst. Dort werden die Wassermassen auf eine Kreisbahn gezwungen, sodass das Wasser hinter dem Hindernis sogar in die entgegengesetzte Richtung zur Flussrichtung fließt. Eine ideale Ruhe- und Erholungszone, die man als Schwimmer nur schlecht oder gar nicht erkennt. Tobi zeigte mir diese Schutzräume mit ausgestecktem Zeigefinger und kreisender Unterarmbewegung auf der jeweiligen Seite an. So viel zur Theorie.

Als ich schließlich den Sprung in das kalte Wasser wage, werde ich mit einer noch nie erlebten Geschwindigkeit mitgerissen. Die Wellen sind so hoch, dass ich das grüne Kajak von Tobi nur stroboskopartig wahrnehme. Von der rechten Seite schießt bereits der Glenner in den Rhein. Auch die kleineren Gebirgsbäche sind über Nacht angeschwollen und spülen sedimenthaltiges Wasser in den Hauptstrom. Trotz der Geschwindigkeit ist zu erkennen, dass von rechts schwarzes, schiefer-

Mit Helm (und Kamera) im reißenden Fluss und Tobi,
die Lebensversicherung, fest im Blick

haltiges und von links weißes, kalkhaltiges Wasser einströmt: erdzeit-
geschichtliche Hinweise auf die Entstehung der Alpen, in die sich der
Rhein tief eingegraben hat. So tief, dass ich mich auf den Rücken drehen muss, um die Kanten der steilen Kalksteinfelswände an der Grenze zum Himmel zu sehen: ein unvergessliches Naturerlebnis, in dem
sich Naturgewalt und Schönheit treffen – der strahlend blaue Som-
merhimmel im scharfen Kontrast zu den leuchtend weißen, senkrecht
hinaufsteigenden Felswänden, an deren oberem Ende sich die Vegeta-
tion krampfhaft festzukrallen versucht. Jetzt weiß ich es nicht nur,
sondern erlebe es hautnah, weshalb man diesen Abschnitt des Rheins
auch als Grand Canyon Europas bezeichnet. Ob man von dort oben
meinen stecknadelgroßen schaukelnden Kopf überhaupt wahrnehmen kann? Abgestürzte Felsbrocken und Geröllhalden begrenzen den
stark mäandernden Fluss, in dem ich genau aus diesem Grund pau-
senlos eine Seitfähre nach der anderen schwimmen muss. Es bleibt
keine Zeit, das Naturschauspiel wirklich zu genießen.

Das tägliche Schwimmtraining in der Vorbereitungsphase mit zeitweise 60-x-100-Meter-Intervallen und kurzer Serienpause zahlt sich

jetzt schon aus. Der Puls schießt bei den Seitfähren in den Maximal-
bereich, die Arme beginnen auch durch die Bewegungseinschränkung
der beiden Neoprenanzüge »sauer« zu werden. Trotzdem muss ich die
Frequenz beibehalten oder noch erhöhen, weil Tobi immer noch kein
Entwarnungszeichen gibt. Dann kommt kurz die Erlösung, aber nur
um den Arm zu wechseln und die Seitfähre in die andere Richtung
durchzuführen. In der kurzen Zeit kommt der Puls kaum runter. Ich
wusste vorher, dass der erste Abschnitt von Ilanz bis Versam der ge-
fährlichste ist, aber dass er auch so anstrengend sein würde, war mir
nicht bewusst.

Irgendwann auf dieser auch für Paddler anspruchsvollen Strecke
muss noch das berüchtigte »Schwarze Loch« auftauchen: eine stark
angeströmte und teilweise unterspülte riesige Felswand. Nach einer
Linkskurve und einer turbulenten Gefällstrecke ist es so weit. Ich hatte zwar gelesen, dass das »Schwarze Loch« keine Gefahr mehr darstel-
le, da zwischen ihm und dem Fluss eine breite Kiesbank liege. Dies
gilt aber offensichtlich nur bei Niedrigwasser, denn von der Kiesbank
ist nun nichts zu sehen. Auch Tobi hat in diesem Abschnitt stark zu
kämpfen. Er kehrt mir den Rücken zu und gibt keine Anweisungen mehr. Unterdessen kommt die Felswand immer näher. Panisch
versuche ich, gegen den Strom wegzuschwimmen, um dem unauf-
haltsamen Zusammenprall und dem Unterspültwerden zu entgehen.
Es scheint aussichtslos. Ein Schrei und eine letzte maximale Kraft-
anstrengung, ein kurzes Aufbäumen in echter Todesangst, dann nur
noch Resignation und die Umstellung auf die nächste Situation: Füße
voraus in der Hoffnung, wenigstens den Aufprall abzuschwächen und
mich irgendwie abzustoßen, um nicht unter die Felswand gedrückt
zu werden. Alle diese Entscheidungen laufen innerhalb des Bruchteils
einer Sekunde ab. Ein oder zwei Meter vor der nass glänzenden Felswand macht der Fluss zusammen mit mir eine 90-Grad-Biegung und
spült mich parallel an dem Gesteinsmassiv vorbei. Ich bin sicher, dem
Tod gerade noch einmal von der Schippe gesprungen zu sein. Alle anderen wissen, dass es nicht so gewesen ist. Die Bootsfahrer hatten im

Gegensatz zu mir den Überblick. Sie wussten, die Strömung würde uns in sicherem Abstand an der Wand vorbeitragen. Fix und fertig im nächsten Kehrwasser auf dem Rücken liegend und nach Luft japsend, habe ich nur Kraft für vier Worte: »Ich dachte, das war's« ... Meine Begleiter lachen bloß. Es geht unmittelbar weiter an einigen Kiesbänken vorbei, und wir erreichen Versam in weniger als zwei Stunden – deutlich schneller als geplant.

Nach einer kurzen Pause machen wir uns auf den Weg in den zweiten und vermeintlich leichteren Teilabschnitt der Filmser Schlucht. Tatsächlich geht es mit einer gemäßigteren Strömung voran, was mich etwas unvorsichtiger macht. Das zu späte Reagieren auf Tobis Anweisung »passive Schwimmlage« wird unverzüglich mit einem schmerzhaften Steinschlag gegen den linken Beckenknochen quittiert. Vollgepumpt mit Endorphinen und Adrenalin, ist der nächste unerwartet harte und stumpfe Stoß gegen die Oberschenkelaußenseite einige hundert Meter später leichter auszuhalten, obwohl ich den »Pferdekuss« auch die folgenden Tage noch spüren werde.

Nach einer gefährlichen Stelle mit einem 10 Meter langen, tosenden Wasserfall bei Trun sind es nur noch etwas mehr als zwei Kilometer bis zum Kraftwerk von Tavanesa bei Reichenau. Ruhig schwimme ich in Bauchlage, den Kopf voraus, dem greifbaren Ziel voller Vorfreude und Euphorie entgegen, da ich die Ausstiegsstelle von der Raftingtour im Juni bereits kenne und weiß: Gleich ist erst mal Schluss, denn das Raft und die Kajaks müssen dort aus dem Wasser gezogen und auf die Trailer geladen werden, um das Kraftwerk zu umgehen. Außerdem schließt sich ein militärisches Sperrgebiet an das Kraftwerk an. Wer dort als Paddler im Fluss erwischt wird, so teilte man mir mit, muss 1000 »Fränkli« Strafe zahlen. Für Schwimmer wird es kaum anders sein. Mit den schweizerischen Behörden möchte ich jede Schwierigkeit vermeiden, außerdem gibt unser sehr schlank bemessenes Budget solche Extraausgaben nicht her. Alles ist ruhig. Im Kopf haben wir die Etappe bereits abgehakt. Zu früh, wie ich schmerzhaft erfahren muss, als mir plötzlich bei einem dumpfen

Die Etappe im »Grand Canyon« ist überstanden

Schlag gegen den linken Rippenbogen die Luft wegbleibt. Keiner hat
die Untiefe vorhergesehen: eine wiederholte Erinnerung daran, dass
es keine Routine gibt im Rhein, dass es immer der vollen Aufmerksamkeit aller bedarf, um Gefahren zu vermeiden, und dass Überheb-
lichkeit sofort bestraft wird.

Nach kurzer Rast in Reichenau, wo sich der Hinterrhein und der
Vorderrhein treffen, um gemeinsam als Alpenrhein in den Bodensee
zu fließen, schwimme ich um Chur herum in der Hoffnung, dass die
starken Regenfälle nicht die Kläranlagen zum Überlaufen gebracht
haben, wie es oft bei Starkregenereignissen der Fall ist. Es ist einiges
an Treibgut unterwegs, als ich im Augenwinkel bemerke, wie mich
ein gut drei Meter langer Baumstamm langsam überholt und glücklicherweise an mir vorbeitreibt. Nach Chur kommt die erste Brücke
in Sicht, und ich muss mich schnell entscheiden, zwischen welchen
Brückenpfeilern ich hindurchzuschwimmen gedenke, bevor ich in
die Wirbel um die Pfeiler gerate oder direkt daraufpralle. Ein Rich-

tungswechsel in Rückenlage geht nicht schnell genug; also eine Seitfähre gegen die Strömungsrichtung und immer wieder nach hinten
schauen und abschätzen, ob ich mittig zwischen den Pfosten ange-
rauscht komme. Geschafft, aber die nächste Brücke kommt be-
stimmt, schon vor Zizers, und sie fordert nochmals Körper und Geist.
Ich spüre deutlich, wie die Kräfte schwinden und dass die Seitfähren
immer mühsamer werden. Jetzt macht sich bemerkbar, dass ich im
ersten Streckenabschnitt fast alle Energiereserven aufgebraucht habe.
Es geht absolut nichts mehr. Ich bin völlig platt, lasse mich treiben,
um bei der nächsten Möglichkeit in Landquart kurz hinter Zizers an
Land zu gehen. Die Paddler fahren voraus.

An der Ausstiegsstelle wenige Meter vor einem Kieswerk zieht eine
an einem Stahlseil hängende Metallschaufel Kies aus dem Fluss und
befördert ihn tropfend auf die Spitze eines der Sandberge am rechten
Ufer. Dort wäre aufgrund des Betriebes ohnehin Schluss. Ich treibe
in der Mitte des Flusses. Tobi gibt etwa 20 Meter vor mir wild ges-
tikulierend die Anweisung »Seitfähre nach rechts, und zwar mit Volldampf«, denn es gibt nur auf der rechten Seite die Möglichkeit, den
Fluss vor dem Kieswerk zu verlassen, und genau von dort schießt der
angeschwollene Landquart, der bisher stärkste Nebenfluss, in den Alpenrhein. Auch er führt schwarzes, schieferhaltiges Wasser. Die letzte
Aufgabe ist es, ihn zu kreuzen, um in sein Kehrwasser auf der anderen
Seite zu kommen. Dann hätte ich es geschafft. Der Zufluss ist etwa
5 Meter breit. Es direkt senkrecht zu versuchen ist sinnlos, man würde
mehrere Meter Richtung Bagger mitgerissen, bevor die andere Seite
erreicht wäre. Also noch einmal alle Reserven mobilisieren und ganz
früh die Seitfähre gegen die Strömung Richtung 5 vor 12 ansetzen. Ich
spüre, wie ich unter den Anfeuerungsrufen der Kajakfahrer dem Ufer
langsam näher komme. Die Arme werden sauer, trotzdem versuche
ich, die Zugfrequenz aufrechtzuerhalten. Es wird ein langer Sprint,
weil die Strömung so stark ist und ich nur peu à peu seitwärtsdrifte.
Die Sand- und Kiesberge am Ufer bewegen sich irgendwann nicht
mehr, ich muss im rettenden flachen Kehrwasser sein, stoppe sofort

die Armzüge, die schon lange nicht mehr effizient sind, und drehe mich auf den Rücken. Rien ne va plus, nichts geht mehr, pumpend wie ein Maikäfer liege ich auf der Sandbank, zu erschöpft, um mich noch am Herausziehen des Rafts zu beteiligen. Das waren definitiv meine letzten Reserven. Ich kann mir nicht vorstellen, dass es noch härter werden kann.

Später am Abend, auf dem Campingplatz, fast alle schlafen bereits, bereite ich mit Helga die Probennahmen für die Mikroplastik- und Mikroorganismen-Analyse vor. Sie sollen am frühen Morgen des nächsten Tages beginnen und nach der für den späten Vormittag an der Hochschule für Technik und Wirtschaft (HTW) in Chur geplanten Pressekonferenz beendet sein. Die Filtration von zusammen 2100 Liter Wasser dauert einige Stunden, wie wir am Tomasee gelernt haben. Gegen 23 Uhr liege auch ich endlich im Bett, alle anderen schlafen schon, wie unüberhörbare Schnarchgeräusche signalisieren. Trotz des »Pfeifkonzerts« holt sich der Körper, was er braucht, reißt den Geist mit, und ich schlafe sofort ein.

MITTWOCH 30.07.2014
CHUR–RUGGELL (56 KM)
UNTER SCHWEIZER BRÜCKEN

Am Morgen findet in Chur zunächst die Pressekonferenz an der HTW statt. Matthias Ruff ordnet das Projekt und seine Bedeutung wissenschaftlich ein: Zwar gibt es bereits seit den achtziger Jahren Rheinüberwachungsstationen, die in regelmäßigen Abständen Routineuntersuchungen durchführen, doch können diese nur das analysieren, wofür es bisher entwickelte Analysestandards gibt. Statt dieser Target-Analysen führen wir Non-Target-Analysen durch, die auch Substanzen ermitteln, die bisher nicht auf dem Prüfprogramm standen. Ruff erklärt zudem, wie der an mir angebrachte Passiv-Sampler funktioniert. Der ist nichts anderes als ein Mikrofasergeflecht aus beständigem Kunststoff, welches, mit einem Drahtgeflecht geschützt, auf einen Neoprenstrumpf aufgetackert ist. Sozusagen eine künstliche Fischhaut – ganz ähnlich der des Lachses, der langsam, aber sicher im Rhein wieder heimisch wird. Mit diesem Passiv-Sampler kann man also ermitteln, welche Substanzen auf Lachse einwirken, wenn sie ins Meer oder zurück zu ihren Laichplätzen schwimmen. Während für mich in Hoek van Holland die Reise beendet sein wird, schwimmen die Junglachse nach einigen Jahren wieder zurück zu ihrer Geburtsstätte rheinaufwärts, um dort abzulaichen. Geplant ist, dass wir insgesamt vier Sampler benutzen werden. Nach jeder Woche einen anderen, um nicht nur einen Gesamteindruck, sondern auch Hinweise auf die Entwicklung der Schadstoffanteile zu erhalten. Dann schildere ich meine bisherigen Erfahrungen im Vorderrhein, meine Beweggründe und aktuelle Gefühlslage. Zusammen mit den Journalisten fahren wir zur Einstiegsstelle hinter der Rheinbrücke am Kieswerk in Landquart. Dort ist sogar ein russisches Fernsehteam anwesend.

Ich ziehe den linken Neoprenschuh aus und stecke den Fuß durch die Neoprenmanschette mit dem aufgetackerten Sampler und dem Metallnetz als Schutz. Dann muss ich zumindest so weit ins Wasser laufen, dass der Sampler voll benetzt ist und nicht austrocknen kann. Bei einer Flusstemperatur von knapp über 10 Grad Celsius ist es auch mit Neoprenschuhen auf die Dauer ziemlich kalt.

In Chur, so ergeben später unsere Auswertungen, messen wir so viel Mikroplastik wie nirgends sonst im Rhein. Warum? Weil hier im Alpenrhein keine Kunststoffpartikel am Boden oder im Sediment verbleiben – und wir unsere Proben ja 15 Zentimeter unter der Oberfläche entnehmen. Im Wildwasser erleiden Kunststoffpartikel keine Dichteseparation, sodass man wegen der Durchmischung den kompletten Mikroplastikanteil erfasst. In ruhigeren Abschnitten des Rheins wiederum befindet sich nur der kleinere Anteil der Mikroplastikpartikel nahe der Oberfläche, während sich der Rest in der Tiefe und am Boden verteilt. In Chur finden wir zudem das Antibiotikum Sulfamethoxazol, das bei der Bekämpfung von Harnwegsinfekten

Warten, bis es endlich losgeht in Ruggell; der Sampler
am rechten Unterschenkel darf nicht austrocknen

und Lungenentzündungen verwendet wird. Im Rhein kommen Antibiotika mit Bakterien in Kontakt und fördern deren Resistenzent-
wicklung und damit den Wirkverlust dieser Arzneimittel.

Von mir aus kann es nun losgehen. Die beiden Russen wollen unbedingt im Schlauchboot mitfahren und erhalten eine intensive
Einweisung, wie wir sie in Ilanz bekommen haben.

Ich laufe so weit in die Flussmitte, bis mich die Strömung fast mit-
reißt, und springe dann mit einem flachen »Bauchplatscher« mit dem
Kopf so weit wie möglich im Nacken weiter Richtung Flussmitte,
drehe mich dann auf den Rücken und kann so allen am Ufer Versammelten zuwinken. Der Fluss mäandert in seinem breiten Flussbett hin und her, aber durch das Hochwasser sind die Kiesbänke auf
der Innenseite der Mäander nicht zu sehen, nur zu spüren, wenn sich
tiefes Wasser mit flachem Wasser abwechselt, plötzlich keine Hand-
breit Wasser unter den Kiel passt und ich mit dem Armzug am Ge-
stein hängen bleibe, um im nächsten Moment mit dem Bauch fest-
zusitzen. Unter den Brücken drehe ich mich immer auf den Rücken,
nur so erhalte ich einen Eindruck von der Geschwindigkeit, mit der

ich unterwegs bin. Keine Brücke sieht von unten aus wie die andere. Nachdem wir Sargans passiert haben und der Rhein nahezu kerzengerade die Autobahn flankiert, fühle ich mich selbst wie auf einem Highway. Es gibt wenig Abwechslung, und das suggeriert Sicherheit. Die Brücken bei Balzers und etwas später kurz vor Vaduz sind zwar früh zu sehen, nicht jedoch die Pfeiler, zwischen denen ein sicheres Durchkommen möglich ist. So muss ich jedes Mal erst kurz vor dem Erreichen der Brücke entscheiden, welcher Durchgang es nun werden soll. Dann aber ist in größter Eile eine Seitfähre anzusetzen bis zur geschätzten Mitte zwischen zwei Tragestützen, um gegebenenfalls noch, auf dem Rücken liegend, nachzujustieren. Manchmal passt es nicht und ich muss nochmals auf den Bauch, um mit zwei, drei Armzugzyklen die Anströmrichtung anzupassen.

Nach den Brücken in Buchs und Bendern ist kurz vor der Brücke in Ruggell Schluss. Ich bin seit fünf Stunden im eiskalten Wasser, und nur die aktiven Schwimmbewegungen bei den Seitfähren bewahren mich vor dem Auskühlen. Füße und Hände sind trotz Neoprenüberzug nicht zu spüren. Das Bewusstsein, dass die harte Bodensee-Etappe näher rückt und ich noch drei bis vier Wochen durchhalten muss, bestärkt mich in der Entscheidung, vor der Brücke in Ruggell Schluss zu machen. Ich schwimme das Schlauchboot an, greife mit der linken, dann mit der rechten Hand das Seil, während der Rest meines Körpers am Boot vorbeirauscht. Ein plötzlicher Ruck, das Seil spannt sich maximal, und ein kaum zu haltender Zug auf meine Hände macht mir die Gewalt der Wassermassen bewusst. Hand um Hand hangle ich mich um das Boot Richtung Ufer: Je weiter ich in den Strömungsschatten komme, desto leichter wird es. Das Boot generiert sein eigenes Kehrwasser. Als ich glitschige Felsen unter meinen Füßen spüre, versuche ich Tritt zu fassen, um dann das Seil mit den sich mir entgegenstreckenden helfenden Händen am Ufer zu tauschen und mich an Land ziehen zu lassen. Endlich geschafft! Es ist 18:30 Uhr, als ich den Sampler samt Neoprenstrumpf in das Becherglas tauche.

Angekommen in der Jugendherberge Schaan-Vaduz, wünsche ich mir nichts sehnlicher als eine heiße Dusche. Ein Luxus, den man im Alltag gar nicht mehr als solchen wahrnimmt. Kurz vor dem Einschlafen fragt mich Tobi, ob ich den Film »Big river man« kenne. Er handelt von einem Mann, der den Amazonas beschwimmen will. Während ich zu antworten versuche, schlafe ich ein.

DONNERSTAG 31.07.2014
RUGGELL–ST. MARGRETHEN (30 KM)
DIE VERPASSTE ABZWEIGUNG

Bislang sind wir gut unterwegs, haben sogar im Vergleich zur Planung etwas Strecke gutgemacht. Durch diese Vorleistungen ist die vierte Etappe deutlich kürzer geworden. Es bleiben nur noch rund 30 Kilometer bis zum Bodensee. Wenn alles glatt läuft, kann ich den See am frühen Nachmittag erreichen und mich den restlichen Tag und die ganze Nacht vor der Seeüberquerung, bei der ich keine Strömungsunterstützung haben werde, ausruhen. Gute Aussichten! Doch durch eine unglückliche Verkettung von Ereignissen kommt alles ganz anders.

Der Einstieg läuft mittlerweile routiniert ab: Um 10 Uhr gleite ich an der Brücke in Ruggell in den Vorderrhein. Durch weitere Regenfälle in der Nacht ist das Hochwasser noch einmal angestiegen. Ich steige in kaltes, trübes Wasser mit viel Treibgut. Die »Autobahn« ist breiter und gefühlt kälter geworden. Es gibt nur noch wenige Schwimmmanöver, die ich durchführen muss. Die Versuchung, sich treiben zu lassen, ist groß. Allerdings muss ich einen Mittelweg finden zwischen Ausruhen und Frieren auf der einen Seite und Schwimmen und Warmwerden auf der anderen. Einigen Brückenpfeilern bei Oberriet, Mäder, Diepoldsau und vor St. Margrethen muss ich aktiv ausweichen. Die eingefrorene Muskulatur erschwert ein explosives Reagieren, sodass ich in höchster Alarmbereitschaft bin, sobald eine Brücke in Sicht kommt.

Die Strecke zieht sich und ist wenig abwechslungsreich. Über die eintönige Uferböschung hinaus gibt es keine Sicht, nur die abfallende Bergkette in westlicher Richtung zeigt mir an, wo in etwa der Bodensee liegt. Als Begleiter im Wasser sind ab heute dabei: Franz, der im Kajak vorausfährt, sowie Tobi im Schlauchboot zusammen mit Tim Böhler und meinem Sohn Leo. Sie versorgen mich mit Elektrolytgetränken und Energieriegeln. Abgesprochen ist, dass wir an der letzten Brücke vor dem See an Land gehen, um dort abgeholt zu werden.

Am Tagesziel angekommen, bin ich froh, endlich wieder festen Boden unter den Füßen zu haben und aus der kalten Brühe herauszukommen. Wir ziehen das Raft die drei Meter auf den Damm hinauf und schauen dabei immer mal wieder zur Autobrücke, ob gerade unsere Fahrzeuge anrollen, um rechtzeitig winken zu können. Die Pflastersteine auf dem Damm sind angenehm warm, und die Sommersonne steht im Zenit. Es ist halb zwei, und es freut mich, dass der Zeitplan aufgegangen ist. Die verlängerten Etappen der ersten drei Tage haben sich gelohnt und mir die heutige Strecke verkürzt.

Wir liegen im Boot in der Sonne und essen die restlichen Riegel auf. Als nach etwa 30 Minuten unser Konvoi immer noch nicht aufgetaucht ist, werde ich ungeduldig und rufe Helga an. Zu unserer Verwunderung teilt sie uns mit, dass sie ebenfalls schon länger an der letzten Brücke vor dem See warteten, und zwar auf uns. Tobi beschreibt unseren Standort. Wir sehen in westlicher Richtung das Ortsschild von Höchst. Langsam dämmert beiden Seiten das Missverständnis: Zwar befinden sich beide Gruppen wirklich an der letzten Brücke, aber wir stehen am Rhein-Kanal auf der österreichischen Seite und Helgas Trupp mit den Fahrzeugen am Alten Rhein in der Schweiz. Durch den Alten Rhein, der am Rheinspitz in den Bodensee mündet, hatte ich eigentlich schwimmen wollen. Doch im schnellen Strom des begradigten Kanals, der uns unaufhaltsam Richtung See spülte, haben wir die Abzweigung verpasst. Während sich der Abholtrupp auf den Weg zu uns über die Landesgrenze macht, wird mir die Hitze langsam unerträglich. Ich verkrieche mich in den Schatten unter die Brücke.

Inzwischen ist seit der Ankunft über eine Stunde vergangen, doch es passiert nichts. Wir können mindestens noch ein bis zwei Kilometer den Kanal Richtung Bodensee entlangschauen. Diese Strecke muss ich auf jeden Fall noch schwimmen, denn morgen will ich diese zusätzlichen Kilometer nicht bewältigen müssen. Ich möchte beim Start zur »Königsetappe« den Bodensee vor mir sehen und von seinem Ostufer aus losschwimmen. Wir beschließen, dass ich in Begleitung von Franz weiterschwimme, während die anderen warten, bis sie vom Trailer abgeholt werden.

90 Minuten nach dem Ausstieg springe ich also wieder in den kalten Kanal. Nach zwei Kilometern und einer lang gezogenen Linkskurve erscheint überraschend eine weitere Brücke, die bei Fussach, wie wir jetzt wissen. Die Strömung im Kanal lässt nach, und linksseitig erstreckt sich ein flaches, überflutetes Sumpfgebiet mit Wasservögeln, Seegras, Schilf und herumschwirrenden Insekten. Das Wasser wird wärmer und sumpfiger. Ich wate durch den Schlamm und die Wasserpflanzen bis zum befestigten Damm, erleichtert darüber, noch Neoprenschuhe anzuhaben, und krabble auf allen vieren mit glitschigen Schuhen den steilen Hang hinauf. Während ich mich meiner Neoprenausrüstung entledige, um mich in der immer noch heißen Sonne aufzuwärmen, verfolgt mein Blick Franz, der weiterpaddelt, um sich einen Überblick zu verschaffen, wo wir genau sind.

Auf der anderen Seite des Dammes führt die begrünte Böschung zu einem Parkplatz, der bis auf meine Höhe unter Wasser steht. Nach links erstrecken sich weitere Parkflächen entlang der Zufahrtsstraße. Nach rechts und geradeaus wird der Blick durch eine dichte Baumkette behindert. Wenige Meter auf der rechten Seite ist die Weiterfahrt auf der überschwemmten asphaltierten Straße durch einen rotweißen Schlagbaum begrenzt. Dahinter werden die Wasserflächen noch breiter. Nach einigen Minuten kehrt Franz zurück und sagt mir, dass wir die richtige Ausstiegsstelle gefunden haben. Der Kanal führt durch seine Begrenzung etwa zwei bis drei Kilometer wie eine Kanüle in den See hinein. Von dort müsste ich ans Ufer die gleiche Strecke wieder zurückschwimmen. Da, wo wir jetzt stehen, erstreckt sich hinter den Bäumen der Bodensee Richtung Westen. Wir laufen zusammen am Schlagbaum vorbei im knöcheltiefen Wasser. Etwa 20 Meter weiter ist der Blick frei auf die gegenüberliegende Halbinsel Rohrspitz. Die brennende Sonne ist außerhalb des Schattens nicht auszuhalten. Ich verkrieche mich unter die Bäume, bis endlich unser »Rheinmobil« auftaucht.

Wir wollen gerade losfahren und die Türen schließen, als sich uns ein uniformierter Behördenvertreter nähert. Er macht uns unmissverständlich klar, dass wir uns in einem Naturschutzgebiet aufhalten und hier weder das Bootfahren noch das Schwimmen erlaubt sind. Wir hatten zwar vorab alle Genehmigungen eingeholt, aber weil wir die Ausfahrt in den Alten Rhein verpasst haben, sind wir unplanmäßig im Westen der Republik Österreich, im Bundesland Vorarlberg, gelandet. Der Aufseher hat nach unseren Entschuldigungen, hier ist vor allem Helgas diplomatisches Geschick hervorzuheben, ein Einsehen und verzichtet auf eine Anzeige. Er wünscht uns weiterhin viel Glück, wir schenken ihm zum Abschied unsere Badekappe mit dem »Rheines Wasser«-Logo und machen uns winkend auf in Richtung Jugendherberge Rorschach.

Während wir an der Jugendherberge ankommen, lässt in Langenargen auf der gegenüberliegenden deutschen Seite des Sees Bernhard zusammen mit dem Besitzer das Sportboot »Franka« zu Wasser. Er wird das Boot die nächsten drei Wochen mit kleineren Unterbrechungen durch den Bodensee und den Rhein steuern. Heute soll es von Langenargen quer über den See nach Rorschach in den Hafen gefahren werden. Morgen früh wollen wir uns im See bei St. Margrethen treffen, von wo mich das Boot mit Besatzung bis nach Konstanz und am Sonntag bis Stein am Rhein begleiten wird. Dort wird das Boot wieder vom Bootseigner aus dem Wasser geholt, um es erst wieder im Basler Hafen in den Rhein zu setzen. Im Hochrhein hat das

Kurz vor dem Bodensee: unser »Rheines Wasser«-Team

Boot keine Fahrerlaubnis – verständlich, wenn man an den Rheinfall bei Schaffhausen und die vielen Staustufen denkt. Ab dem Oberrhein bei Basel hingegen ist eine motorisierte Begleitung mit Funk an Bord für unsere angemeldete Rheindurchschwimmung Pflicht. Ebenso das Mitführen von Warnleuchte plus Beschilderung, die der technische Dienst unserer Hochschule eigens für das Projekt anfertigt und uns persönlich an die Strecke bringt.

Wäre heute alles glatt gelaufen und hätte ich die längere Strecke durch den Alten Rhein geschwommen, müsste ich morgen nur 32 Kilometer durch den See schwimmen. Durch das Verpassen der Verzweigung sind es jetzt mindestens 8 Kilometer mehr oder – in anderen Worten – circa zwei Stunden, die ich länger im Wasser sein werde. Das heißt, ich muss so früh wie möglich starten. Die Erholungszeit bis dahin wird so deutlich kürzer, als ich mir das vorgestellt habe. Obwohl die letzten Tage unerwartet anstrengend waren, traue ich mir dennoch zu, die Strecke an einem Tag zu schaffen, zumal übermorgen ein Ruhetag vorgesehen ist.

Auf dem Zimmer in der Jugendherberge bringt mir Dennis einen Topf voll mit Nudeln, Rührei und Speck. Vorher habe ich schon das einzige greifbare Kaltgetränk in mich hineingeschüttet: 1,5 Liter Eistee. Ich esse, so viel ich kann, um alle Energiespeicher wieder zu füllen, und lege mich nach unten auf eines der Etagenbetten. Doch heute ist es wie verhext: Aus irgendwelchen Gründen muss ich noch einmal das Zimmer wechseln in ein anderes Vierbettzimmer auf demselben Flur. Mein Schlafplatz ist unten rechts, gegenüber nächtigen Daniel, mein angereister Schwager, und seine Tochter Emilia, über mir im Stockbett Franz.

Sie alle werden Zeugen, dass ich in dieser Nacht kein Auge zumache. Sobald ich nur den Fuß unter der Decke herausstrecke, bekomme ich einen Schüttelfrostanfall, meine Zähne hören nicht mehr auf zu klappern. Alle starren mich erschrocken an. Ich presse die Kiefer zusammen, ziehe alles an, was ich habe: einen zweiten Trainingsanzug mit Kapuze und noch einen Bademantel darüber einschließlich zwei Paar Wollsocken an den Füßen. Zudem decke ich mich mit mehreren Decken zu. Der Schüttelfrost und das Zähneklappern hören langsam auf. Daniel legt mir die Hand auf die Stirn, um meine Körpertemperatur zu fühlen. Er spricht nicht aus, was er denkt. Eigentlich kann er mich mit Fieber nicht schwimmen lassen. Was soll er Nicola, meiner Frau, sagen, wenn etwas passiert und er mich nicht abgehalten hat?

Als alle schlafen, höre ich aufmerksam den Schweißtropfen zu, wie sie einer nach dem anderen meine Stirn entlang Richtung Schläfe wandern und dann auf dem Kopfkissen direkt neben meinen Ohren auftreffen. Es ist fast Mitternacht, ich bin immer noch hellwach und habe starke Kopfschmerzen. Meinen Herzschlag spüre ich so deutlich in der Brust, dass ich das Gefühl habe, damit die über mir liegenden Decken in Schwingung zu bringen. Leichte Panik mischt sich mit der Sorge darüber, wie der morgige Tag ablaufen wird. Die Kopfschmerzen lassen nicht nach, und ich nehme eine zweite 400-Milligramm-Aspirin-Tablette. Das nächtliche Feuerwerk zum Einläuten des Schweizer Nationalfeiertags trägt zu meiner Unruhe noch bei. Ich versuche, mir einzureden, dass das Liegen alleine auch ohne Schlaf bereits erholsam ist.

3. IM BODENSEE

Um 5 Uhr in der Früh stehe ich auf. Wach war ich schon lange zuvor und habe ruhig liegend darauf gewartet, dass es Zeit wird, das Bett zu verlassen. Ich gehe in die Dusche auf dem Flur. Alle meine Kleider sind nass und riechen nach Krankheit. Zumindest der Schüttelfrost ist weg. Ich signalisiere den anderen, dass es mir gut geht, um keinen Zweifel an der heutigen Etappenplanung aufkommen zu lassen. Geschäftig bereite ich mir eine übergroße Schale Haferflocken zu und fülle alle zehn Flaschen mit Elektrolytgetränk, von denen ich währenddessen gleich zwei leer trinke. Erst später, nach der Bodensee-Etappe, ohne Zeitdruck und mit klarem Kopf, mache ich die Ursache des Schüttelfrostes aus: Während der Wartezeit am Nachmittag auf dem Damm war ich zu lange ungeschützt der Mittagssonne ausgesetzt gewesen. Und da meine Kopfbehaarung, wenn man von einer solchen überhaupt noch sprechen kann, leider keinen Schutz mehr darstellt, habe ich dort höchstwahrscheinlich einen Sonnenstich bekommen. Dies würde auch die starken Kopfschmerzen erklären. Der Eistee hatte zudem Koffein enthalten, auf das ich mit starker Herz-Kreislauf-Aktivität reagiert habe.

Die Fahrt zum Einstieg verläuft schweigend. Angesichts der Strecke, die vor mir liegt, habe ich es eilig. Wir parken am Ende des Dammes auf dem letzten Parkplatz, der noch nicht überschwemmt ist. Ich möchte so früh wie möglich loskommen. Während Daniel und Franz das Kajak und ihre Ausrüstung klarmachen, laufe ich weiter am

Damm entlang bis zur ersten Bucht, die sich vor mir Richtung See weitet, ziehe meine Badekappe an und die Schwimmbrille auf. Daniel hat sein Handy in der Jugendherberge gelassen. Das heißt, wir sind nicht erreichbar. Ungeduldig wärme ich mich mit Armkreisen etwas auf, dann muss ich ins Wasser. Der See ist spiegelglatt. Die Bedingungen sind fast besser als in einem Pool: keine einzige Welle. Ruhig liegt der See im Morgennebel. Die einzigen Wellen erzeuge ich beim Vortasten über modernde glitschige Äste am unbefestigten bewachsenen Ufer. Ich kann mein Glück im Unglück kaum fassen. Genau für diesen Moment am Schweizer Nationalfeiertag habe ich mir einen See mit flachen Wellen sehnlichst gewünscht, und jetzt präsentiert er sich tatsächlich von seiner topfebensten Seite und lädt mich geradezu ein, in ihm zu schwimmen. Und ich bin nicht fit genug für dieses Geschenk.

Dass der Bodensee auch anders kann, hatte ich bereits im August 1996 zu spüren bekommen. Damals war ich mit meinem Freund und Trainingspartner Gerd Gerdes an der breitesten Stelle des Sees die 13 Kilometer von Romanshorn nach Friedrichshafen geschwommen. Meine Frau war damals mit unserem ältesten Sohn Moritz schwanger, ich war im letzten Jahr meiner Promotion. Gerd und ich wollten unsere gemeinsame Zeit in Heidelberg an der dortigen Universität, der Ruperto Carola, mit einem Rekordversuch beschließen. Da Gerd am Bodensee aufgewachsen ist, schlug er die Querung vor. Es gibt sogar eine Chronik, in der seit mehr als hundert Jahren alle Versuche aufgezeichnet werden, den See schwimmend der Breite nach zu überqueren. Wir blieben beide unter der alten Rekordmarke, obwohl der See nur eine Temperatur von 19 Grad Celsius und starken Wellengang hatte. So stark, dass mir als Beckenschwimmer in den ersten Minuten schlecht wurde bei dem Versuch, dicht hinter Gerd zu bleiben und seine Füße nicht aus den Augen zu verlieren. Ich dachte, ich sei seekrank. Wahrscheinlich war ich das damals auch.

Im Vergleich dazu sind die Bedingungen dieses Mal geradezu göttlich: kein Wind und keine Wellen. Ich steige ungeduldig, aber behut-

Spiegelglatter Bodensee: Noch geht es gut voran

sam in den am frühen Morgen noch kalten See. Er misst 19 Grad Celsius, das ist aber deutlich wärmer als der Kanal, in dem die Temperatur bei 12 Grad lag, und als der noch kühlere Alpenrhein. Trotzdem empfinde ich das Seewasser als kalt, da ich nur noch einen Schwimmneopren trage. Die meine Bewegungsfreiheit einengenden Neoprenschuhe, Handschuhe und Canyoning-Anzug sowie der Helm und die steife Neopren-Kapuze, die mich im Wildwasser vor Ohrenschmerzen geschützt hatte, haben ausgedient. Endlich kann ich das Wasser und das Gleiten spüren und hören. Darauf hatte ich mich sehnsüchtig gefreut. Das Gefühl, endlich wieder mit allen Sinnen die Kontrolle über meinen Körper und das Wasser zu haben, ist motivierend und beruhigend zugleich. Noch ist keine Sonne zu sehen, aber es ist hell genug, um das gegenüberliegende Rheinspitz-Ufer anzupeilen. Ich schwimme los und fühle mich trotz schlafloser Nacht euphorisch.

Meine ersten Schwimmzüge haben den See aus seiner Nachtruhe geweckt. Ein immer größer werdendes »V« breitet sich hinter mir aus. Auf dem See herrscht absolute Ruhe. Ich bin der Einzige, der unterwegs ist. Ich habe die schützende Bucht schon verlassen, als Daniel und Franz ihre ersten Paddelstiche machen, um mich einzuholen. Als sie bei mir sind, wechseln wir einige Worte der Begeisterung über unser gemeinsames morgendliches Naturerlebnis und peilen die Landzunge beim Rheinspitz an. Von unserem Begleitboot ist noch nichts zu sehen. Eigentlich sollten sie nach dem Start zu uns stoßen. Nach etwa einer Stunde machen wir an der Spitze der Landzunge bei einer verfallenen Holzhütte, die aufgrund des Hochwassers im Wasser steht, eine kurze Rast. Ich trinke heißen Tee aus der Thermoskanne und esse prophylaktisch einen Riegel, denn Hunger habe ich noch keinen.

Die Erlebnisse der letzten Nacht scheinen vergessen. Die 22 Kilometer bis Romanshorn kann ich bei einer mittleren Schwimmgeschwindigkeit von vier Stundenkilometern, die im Neopren realistisch ist, in fünf Stunden schaffen. Danach würde ich eine Stunde Pause machen und nochmals vier Stunden schwimmen, um gegen 17 Uhr in Konstanz zu sein, wo mich meine Familie, Freunde, die Hochschulleitung, Sponsoren des Projekts und das Fernsehen des Südwestrundfunks erwarten. Doch bis dahin ist es noch ein weiter Weg.

Diesen ambitionierten Zeitplan im Kopf, werde ich unruhig, zumal unsere Motorbootbegleitung immer noch nicht aufgetaucht ist. Also schwimme ich weiter Richtung Westen, nahe am Ufer, wo die Wassertiefe etwa zwei Meter beträgt und ich sogar ab und zu Fische sehen kann, die sich sternförmig von mir entfernen. Von Zeit zu Zeit halten wir an und lassen unsere Blicke über den See schweifen, um nach dem Motorboot Ausschau zu halten. Nichts außer einem kleinen Fischerkahn, welcher geradlinig in langsamer Fahrt auf den See hinaussteuert. Nach einer geschlagenen weiteren Stunde Schwimmzeit sehen wir endlich ein größeres Boot mit wellenaufwerfendem Bug auf uns zukommen. Die Erleichterung ist groß! Ich nutze das Zusammentreffen, um eine Pause zu machen. Noch fühle ich mich gut, obwohl ich später auf Fotos sehe, wie reichlich erschöpft ich wirke. Im Nacken zeichnet sich bereits eine kleine Schürfwunde vom Klettverschluss des Neoprenanzugs ab, der wir zu diesem Zeitpunkt aber keine Beachtung schenken. Das wird sich noch ändern.

Wie schon beim Malheur am Vortag bewegt unsere Gruppe vor allem die Frage, warum wir uns auch auf dem See verpasst haben. Bernhard, Helga und unser Rettungsschwimmer Michael hatten mit dem Boot direkt am Einlauf des Kanals in den See gewartet. Ich war

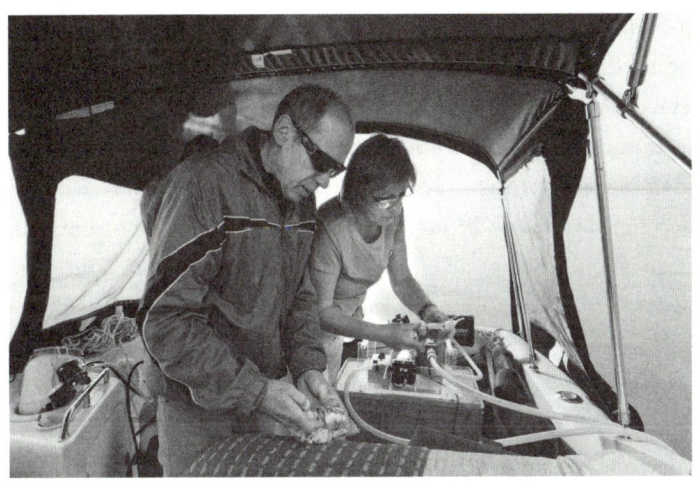

Analytik auf engstem Raum: Helga Weinschrott und Bernhard Vondenbusch kümmern sich an Bord des Motorboots um die Wasserproben

aber seitlich neben dem Kanal gestartet, genau dort, wo ich auch am Vortag ausgestiegen war. Schuldzuweisungen gibt es aber keine, wir schauen nur nach vorne und bereiten uns auf das vor, was noch kommt. Ich bin gut versorgt, trotzdem wird mir etwas übel auf der Plattform des Bootes. Der Motor ist ausgekuppelt, und wir machen keine Fahrt durchs Wasser. Wahrscheinlich liegt es am Schaukeln des Bootes und den Abgasen, die ich, nahe am Motor sitzend, einatme. Ich muss dringend wieder ins Wasser, so schlecht wird mir plötzlich.

Nach den ersten Schwimmzügen wird es etwas besser. Wir nehmen jetzt direkten Kurs auf Romanshorn, nachdem wir vorher ohne GPS-Unterstützung des Bootes nicht auf der Ideallinie unterwegs waren. Der Kirchturm von Romanshorn ist vage zu sehen. Das Ziel vor Augen zu haben ist aufbauend. Vom Kajak hängt ein roter Wimpel ins Wasser, daran kann ich mich orientieren, ohne ständig selbst die Richtung kontrollieren zu müssen. Das schont die Nackenmuskeln. Unter mir sehe ich nur dunkelblaue, ins Schwarze übergehende Tiefe. Nach unzähligen Armzugzyklen hebe ich den Kopf aus dem Wasser in der Hoffnung, dem Ziel näher gekommen zu sein und die Kirche von Romanshorn nun etwas größer und klarer zu sehen. Aber ich kann sie kaum ausmachen, sie scheint weiter entfernt als zuvor. Das liegt wohl daran, dass die Lichtverhältnisse sich geändert haben, es ist immer noch diesig, die Sonne steht höher, ihre Strahlen brechen sich an den Nebeltröpfchen, sodass ich stärkeres Gegenlicht habe.

Ich bin der Verzweiflung näher als dem Ziel. Eine Stunde hängt sich an die nächste ohne einen merklichen Fortschritt. Die Armzüge werden träge, ich bin nicht mehr in der Lage, die Frequenz zu ändern, sie bewegen sich automatisch nach einem eingestellten Rhythmus. Mein Magen beginnt zu rumoren und sich aufzublähen. Ein zaghafter Versuch, mir Erleichterung zu verschaffen, bestätigt meinen Verdacht: Durchfall. Ist das noch eine Folge des Sonnenstichs, der Erschöpfung oder der ordentlichen Aspirindosis in der vorangegangenen Nacht? Es zerreißt mich fast innerlich, und ich muss immer wieder gegen die plötzlichen Anfälle ankämpfen. Es ist schon längst 12 Uhr und der Kirchturm immer noch weit entfernt. Ich will gar nicht mehr wissen, was für einen Stundenschnitt ich habe, nur ankommen und loswerden, was mich plagt.

Kurz nach 2 Uhr mittags erreiche ich endlich den Hafen in Romanshorn. Die Erwartung, meine Frau Nicola und meinen jüngsten Sohn Enzo in die Arme nehmen zu können, haben mir geholfen, die letzten beiden Stunden durchzuhalten. Ich klettere an der Hafenmauer über das Geländer in ihre offenen Arme. Dann muss ich so schnell wie möglich irgendwo eine Toilette finden. Direkt am Hafen, etwa 50 Meter vom See entfernt, steuere ich über den asphaltierten Vorplatz auf das Restaurant »Panem« zu. Die Gäste schauen etwas verdutzt, als ein nasser, ganz in Schwarz gekleideter Mann mit Badekappe und Schwimmbrille schnellen Schrittes an ihnen vorbeistürmt. Wer weiß, was sie sich gedacht haben mögen!

Wenig später lasse ich mich neben meiner Frau am Hafengeländer nieder, mit dem Rücken zum See. Nicola füttert mich mit einer warmen Fleischbrühe mit Klößen aus der Thermoskanne. Ich fühle mich vollkommen leer und frage mich, wie es jetzt weitergeht. In Konstanz,

Völlig erschöpft: Im Hafen von Romanshorn leistet Nicola
mit Leo und Enzo (r.) Aufbauhilfe

etwa 20 Kilometer von Romanshorn entfernt, wartet besagtes großes Aufgebot. Darunter – neben zahlreichen Schaulustigen, die aus den Medien von meinem Rhein-Abenteuer und meiner bevorstehenden Ankunft erfahren haben – auch Daniel Unger, Triathlon-Weltmeister von 2007, der zusammen mit mir die letzten 3,8 Kilometer, also genau die Ironman-Distanz, zum Konstanzer Bootshafen schwimmen möchte. Doch daraus wird wohl schon wieder nichts. Seit Jahren habe ich den Wunsch, mich mit dem sympathischen Ausdauer-Athleten im Schwimmen zu messen. Die 1500 Meter, die die Schwimmdistanz des olympischen Sprint-Triathlons misst, können wir beide in rund 18 Minuten zurücklegen. Diesmal wäre es allerdings kein Wettbewerb gewesen, sondern eine Sondereinlage. Genauso wie ein weiteres Special, das wir in Sichtweite von Konstanz geplant haben: die Übergabe einer Wasserprobe vom Grund des Sees. Uwe Kiel, ein Apnoetaucher, soll am Wrack des 1864 gesunkenen Schaufelraddampfers »Jura« ohne Sauerstoffflasche 40 Meter in die Tiefe abtauchen, um dort eine Wasserprobe für unsere Untersuchungen zu ziehen. Nach dem Wiederauftauchen soll er sie mir übergeben. Die Vorbereitungen für den Tauchgang laufen bereits, und die Taucher warten auf mich. Vergebens.

Die Zeit verrinnt. Mir geht es dank der Fleischbrühe etwas besser. Nicola und ich setzen uns in den Schatten und diskutieren unsere Optionen. Glücklicherweise habe ich drei Söhne, die alle sehr gut schwimmen können. Der älteste, Moritz, ist 17 Jahre alt und ein ausdauernder Schwimmer, Mitglied im Landeskader und im Freiwasser bereits national erfolgreich. Während der Sommerferien hat er zwar nicht viel trainiert, er ist aber froh darüber, mich unterstützen zu können. Moritz wird die Probe aus der Tiefe auf der Höhe von Bottighofen entgegennehmen und dann zusammen mit Daniel Unger nach Konstanz schwimmen, um an der von Schaulustigen gesäumten Hafenpromenade einzutreffen. In der Zwischenzeit werde ich die restliche Zeit des Tages nutzen, um mit Leo, meinem 14 Jahre alten Sohn, weiter Richtung Konstanz zu schwimmen und noch so viel Strecke zu machen, wie es eben geht.

Ich fühle mich zwar noch etwas flau im Magen und auch nicht in Hochform, doch jeden Meter, den wir heute noch schaffen, müssen wir morgen nicht mehr nachholen. Ich springe mit Leo vom Boot in der Hafeneinfahrt in Richtung Konstanz, und wir verlassen Romanshorn. Ich komme zwar langsamer voran als gewohnt, aber es läuft gut und synchron. Ich bin stolz auf meine familiäre Unterstützung in dieser Notlage, während wir parallel zum Ufer stetig und rhythmisch vorankommen. Der See hat sich über den Tag auf 22 Grad Celsius erwärmt, sodass Leo ganz problemlos nur mit Badehose schwimmen kann. Wie lange das möglich ist, ohne zu frieren, wird sich zeigen.

Das Schwimmen beginnt wieder Spaß zu machen. Durch die Nähe zum Ufer und zu den an Bojen festgemachten Booten ist zu sehen, dass ich vorankomme – eine psychologische Unterstützung, die man weiter draußen auf dem See nicht hat. Die Zuversicht, dass wir das Ziel heute doch noch erreichen können, wächst wieder. Plötzlich, nach etwa eineinhalb Stunden auf der Höhe von Uttwil, kommt unser Sportboot ganz nahe längsseits heran. Ich müsse sofort an Bord

Familiäre Unterstützung: Sprung vom Begleitboot aus
in den Bodensee – Andreas Fath mit Sohn Leo

kommen, heißt es. Kaum im Boot, jault der Innenbordmotor auf, der Bug richtet sich auf. Mit aufschäumender Spur treibt Bernhard das Sportboot Richtung Westufer. Per Funk war die Anweisung gekommen, schnellstmöglich in den Konstanzer Bootshafen zu fahren, da dort das SWR-Fernsehen eine Liveschaltung aufgebaut hat, um direkt in die Landesschau um 18:30 Uhr zu senden. Für unser Projekt und das damit verbundene Anliegen haben wir ja Medieninteresse gewollt. Jetzt, da wir es haben, müssen wir erst lernen, damit und mit den vielfältigen, mitunter ausufernden Wünschen der Medienvertreter umzugehen. Heute bin ich ohnehin zu geschwächt, um mich dagegen zu wehren.

Apropos Wünsche der Medienvertreter: Das Interview mit der Landesschau-Moderatorin soll auf dem Wasser in einem Tretboot stattfinden, und alle außer mir sind bereits startklar. Zur gleichen Zeit haben die Schaulustigen im See Daniel Unger und meinen Sohn Moritz ausgemacht, die zudem aus dem Lautsprecher des Sponsorenzeltes angekündigt werden. Ich beglückwünsche beide und nehme von meinem Sohn die Wasserprobe in Empfang, die Uwe Kiel aus der

Tiefe des Bodensees für unser Projekt ans Tageslicht geholt hat. Später sollten wir feststellen, dass es im Vergleich zu den Oberflächenproben keine signifikanten Unterschiede in den Inhaltstoffen gibt. Offensichtlich tauschen sich die Wasserschichten über das Jahr verteilt gut aus; dabei mischt die Tiefenströmung des Rheins ebenfalls etwas mit.

Auf die Ergebnisse unserer Wasseranalysen im Rhein gehe ich später noch ausführlicher ein. Im Bodensee finden wir zum Beispiel den Betablocker Metoprolol, der insbesondere bei der Behandlung von Bluthochdruck zum Einsatz kommt. Zudem erste Spuren des Schmerzmittels Diclofenac, von dem wir bei Köln besonders viel im Rhein feststellen sollten.

Das Gespräch mit SWR-Moderatorin Sibylle Möck läuft gut, obwohl ich die ganze Zeit auf dem schaukelnden Boot krampfhaft zu unterdrücken versuche, dass sich mein Mageninhalt spontan und vor laufender Kamera in das Tretboot oder den See entleert. Dies gelingt mir – Gott sei Dank! Fernsehen und Hörfunk des SWR – gewissermaßen mein öffentlich-rechtlicher Heimatsender – werden zum ständigen Begleiter des Projekts. Bereits im Vorfeld haben sie berichtet, auch zum Start an den Tomasee haben sie eigens ein Team gesendet, und von Konstanz bis Koblenz halten sie fast täglich den Südwesten Deutschlands auf dem Laufenden über den Fortgang von »Rheines Wasser«.

Später am Abend gibt es noch eine Überraschung für mich: Eva Allgaier, eine Physiotherapeutin, ist extra aus Haslach angereist und wartet am Ende der Uferpromenade mit einem aufgebauten Massagetisch auf mich. Während alle anderen schon in der Hafenmeisterei die Bestellungen aufgeben, liege ich ergeben auf dem Bauch mit dem Gesicht in der Aussparung auf der Holzliege. Es ist eine faszinierende Abendstimmung, die erklärt, warum so viele Spaziergänger unterwegs sind. Die Sonne geht mit strahlendem Abendrot, das sich im ruhigen See spiegelt, langsam unter. Im Hintergrund die schneebedeckten Bergspitzen der Alpen, und das alles bewacht von der 1993 errichteten »Imperia«, der 9 Meter hohen und 18 Tonnen schweren Statue des Bildhauers Peter Lenk, die sich direkt neben mir in vier Minuten einmal um ihre Längsachse dreht. In ihren seitlich ausgestreckten Händen hält diese außergewöhnliche Pegelmessstation Symbole geistlicher und weltlicher Macht. Hoffentlich ein gutes Zeichen für mich, denn die Unterstützung beider Mächte werde ich an den folgenden Tagen brauchen.

SAMSTAG 02.08.2014
UTTWIL–KONSTANZ (15 KM)
GUT GEFETTET UND GEÖLT

Ich habe lange und gut geschlafen. Draußen scheint die Sonne, ich stelle mich auf den Balkon und lasse mich durch ihre Strahlen wärmen. Unter mir liegt der Fluss, kalt und klar. Auf der linken Seite führt eine Brücke über den auslaufenden See. Ab dort beginnt offiziell der Rhein mit Kilometer »0«. Ich fühle mich flau im Magen und esse zögerlich etwas Müsli, da ich am gestrigen Abend nichts bei mir behalten konnte. Morgens alle verfügbaren Kohlenhydrate zu spachteln, um dann schnell wieder Hunger zu haben und sich von einer »Powerbar« zur anderen zu hangeln, ist die falsche Strategie. Wir treffen in Konstanz einen Ernährungsberater, dessen Ratschläge mir sehr entgegenkommen, weil ich von den süßen Gels und Riegeln im wahrsten Sinne des Wortes die Schnauze voll habe: Er rät stattdessen zu Biokokosöl, Kokosstreifen, Kokosstreusel, Hanfsamen, gemahlenen Mandeln, Walnüssen, Haselnüssen und einer Vielzahl von Beeren wie Berberitzen, Goji, Aronja und Kapselstachelbeeren. Öle und Fette hören sich auf jeden Fall geschmeidiger an als Powerriegel. Genau das hatte mir auch Axel Mitbauer geraten, der ehemalige Schwimmtrainer meines Sohnes, der als Einziger, 25 Kilometer über die Ostsee schwimmend, aus der damaligen DDR entkam und dessen spektakuläre Flucht gerade verfilmt wird.

In Uttwil startet die heutige Kurzetappe von etwa 15 Kilometern.

Auf der Strecke begleitet mich Moritz, mein ältester Sohn. Wir springen vom Boot und schwimmen los. Moritz macht das Tempo, ich schwimme hinter ihm im Sog. Seine Unterstützung tut gut: Erstens muss ich mich in dieser die Nackenmuskulatur schonenden Position nicht um die Orientierung kümmern, das macht Moritz. Zweitens fällt das Schwimmen durch den Sogeffekt leichter; das ist ähnlich wie beim Radfahren im Peloton. Drittens ist es – wie schon am Tag zuvor mit Leo – pure Freude, mit einem meiner Söhne den See zu durchschwimmen. Der See hat deutlich höhere Wellen als am Vortag. Trotz des Wellengangs kommen wir im Abstand von etwa 100 Metern zum Ufer gut voran und lassen einen lang hinausgezogenen Steg nach dem anderen hinter uns. Nach etwa zwei Stunden ohne Unterbrechung machen wir unter einem Steg die erste Pause. Wir hatten ein ziemlich hohes Tempo und sind schon knapp 9 Kilometer geschwommen. Auf dem Steg über uns stehen meine Schwägerin Sandra und ihre Töchter und werfen uns ein paar Snacks herunter, während wir schaukelnd an einer Metallleiter hängen. Wir schwimmen weiter. Einmal bin ich so nahe an Moritz dran, dass er mit einem Tritt meine rechte Hand trifft. Dabei rutscht mein Ehering über den Fingerknochen. Nach drei Stunden im 21 Grad Celsius kalten Wasser fehlt das Blut in den Händen. Die Finger schrumpfen zusammen und nicht nur die. Geistesgegenwärtig kann ich gerade noch den Daumen auf die Ringfingerkuppe pressen und damit verhindern, dass das Gewicht des Goldes den Ring auf den Grund zieht.

Schon von Weitem sehen wir die 30 Meter hoch aus dem See schießende Konstanzer Wasserfontäne. Seit 2009 versprüht sie 120 000 Liter Wasser pro Stunde in den Himmel. Der so entstehende Wassernebel schränkt unsere Sicht auf die etwa zwei Kilometer entfernte Hafeneinfahrt von Konstanz zwar ein, aber für uns ist er durchaus eine willkommene Orientierungshilfe im stark befahrenen Hafengebiet, die das Ziel eindrücklich markiert. Die letzte Stunde vergeht wie im Flug. Gefährlich wird es nur durch den regen Bootsverkehr im Bereich der Hafeneinfahrt. Rechts neben dem Hafen fließt der Rhein ab. Die Brücke, die den Rhein-Kilometer »o« markiert, können wir auch schon erkennen. Nach genau dreieinhalb Stunden haben wir die 15 Kilometer zurückgelegt. Hinter der Brücke sind es nur noch wenige Meter bis zur verabredeten Ausstiegsstelle auf der linken Rheinseite direkt vor der Hochschule Konstanz (HTWG), die unser Gastgeber ist. Leo ist von der Brücke noch zu uns gesprungen. Als wir zu dritt das Ziel erreichen, ist außer meiner Familie noch niemand da, der uns empfängt. Wir waren einfach zu schnell.

Zum Abendessen sind wir in das von Studierenden der HTWG gebaute Null-Energie-Haus »ECOLAR-Home« eingeladen. Die Gastfreundschaft kann ich nur kurz genießen. Da am folgenden Tag der Untersee zu bewältigen ist, wieder eine Etappe von 24 Kilometern ohne Strömung, verziehe ich mich so schnell wie möglich ins Bett und versinke rasch in Tiefschlaf.

SONNTAG 03.08.2014
KONSTANZ–STEIN AM RHEIN (24 KM)
ABSCHIED VOM BODENSEE

Der Sonntag soll einer der besten Tage unserer Rhein-Reise werden. Vom bereits sonnenerwärmten Balkon aus, wo ich gerade ein Vollwertmüsli mit den neuen Zutaten wie Hanfsamen und Biokokosöl zu mir nehme, beobachte ich meine Frau Nicola, die gerade ein Bad im jungen Rhein nimmt. Ich fühle mich ausgeschlafen, das Wetter passt, um 10 Uhr treffen wir uns zum Start am Rheinufer direkt unter dem Gästehaus der HTWG. Franz und Martin warten schon im Kajak. Heute habe ich Schwimmbegleitung von meinen Freunden und Trainingspartnern Thorsten und Werner. Beide sind bereits im Neopren verpackt und warten ungeduldig, auf dem Fluss schippern Bernhard und Helga mit dem Motorboot hin und her. Wir machen noch einige Erinnerungsfotos, dann beginnt die heutige Reise im Wasser. Durch ein wenig Strömung im engen Abfluss des Bodensees benötigen wir,

Die Bleiche, eine ehemalige Textilfabrik
aus den 20er Jahren, beherbergt heute
ein gehobenes Restaurant

mal hintereinander, mal nebeneinanderschwimmend, nur 1 Stunde
und 20 Minuten für die ersten 8,5 Kilometer.

Dann breitet sich der Untersee vor uns aus, und wir halten uns am
linken Ufer. Es ist traumhaft, diese Passage gemeinsam zu erleben,
nicht nur das klare tiefgrüne Wasser, sondern auch das abwechslungs-
reiche Ufer mit Cafés, Biergärten, Schlösschen und Burgen mit Gär-
ten, deren Trauerweiden bis zu uns ins Wasser herunterhängen, alle
Arten von Wasservögeln, die uns begleiten oder uns von einer aus
dem Wasser ragenden Spitze eines Holzpfahls misstrauisch beobach-
ten. Erinnerungen an die Durchquerung des Zürichsees werden wach.
Der Blick auf Weinreben des bergigen Saums um den See wird einem

Oben: Trauerweiden und Schloss Gottlieben: der Eingang zum Untersee
Unten: Reise im Wasser, vorbei an historischer Kulisse im Untersee
(Kastell Steckborn)

höchstens durch den Mast eines Segelbootes kurzzeitig verstellt, was
das malerische Uferbild aber keineswegs beschädigt. Im Gegenteil. So
nahe an der Bischofsburg in Gottlieben aus dem 13. Jahrhundert »vor-
beizuflanieren« lässt alle vorherigen Strapazen vergessen, getragen von
der Gewissheit, dass man diese Eindrücke für immer mitnimmt.

Nach der zweiten größeren Pause in Berlingen an einem Bootsan-
legesteg schwimme ich direkt auf das sich vor mir erhebende Kastell
in Steckborn zu, das im 14. Jahrhundert erbaut wurde. Ein starker
Eindruck und eine Reise in eine andere Zeit.

Etwa zwei Kilometer vor Mammern bekomme ich erneut Unterstützung. Es ist am Nachmittag windiger geworden. Der Untersee ist unruhiger. Die Wellen treffen uns frontal, sodass die Arme immer wieder in die Wasserberge krachen, noch bevor sie eine Gleitphase einleiten können. Das passiert schnell bei diesen Gegenwellen, da keine Erholungsphase im Armzug gegeben ist. Ich bin froh, dass Thorsten und Werner abwechselnd als Wellenbrecher vornewegschwimmen. Wir versuchen, dem Wind und den Wellen auf »hoher See« auszuweichen, und hangeln uns in Intervallen von Bucht zu Bucht bis zum Bootssteg in Mammern. Wir sprechen mit dem Kapitän der Fähre, wie es wohl am günstigsten wäre, die letzte Etappe bis Stein am Rhein zu schwimmen. Er meint, am besten auf der anderen Seeseite im Windschatten. Von da ab sind es nur noch vier bis fünf Kilometer, wobei die letzten schon im Einzugsbereich des abfließenden Hochrheins liegen und wir von dort einen Sog spüren werden. Wir setzen zur gegenüberliegenden, immer noch schweizerischen Seite am Kattenhorn über. Von da ab geht es mühsam bis auf die Höhe von Oberstaad.

Der See wird ab dort deutlich schmaler und fließt spürbar, wie in einem langen Trichter, über die Grenze Richtung Stein am Rhein. Mit der Strömung fällt auch die Wassertemperatur schlagartig auf unter 20 Grad Celsius, was ich allerdings nur an Gesicht, Händen und Füßen spüre. Die letzten zwei Kilometer sind ein wahrer Genuss, wir gleiten in einer im doppelten Sinn atemberaubenden Geschwindigkeit über das durch die Strömung in eine Richtung gekämmte, etwa zwei Meter tiefe Seegras hinweg. Fische begleiten uns in etwa der gleichen Geschwindigkeit und der Gewissheit, dass wir ihnen nichts anhaben können. Das Wasser ist klar, und die Schnelligkeit, mit der wir unterwegs sind, können wir am Bewuchs des Flussbetts ablesen. Das ist kein Vergleich zu den Kacheln auf dem Boden eines Schwimmbeckens. Das muss der vom Psychologen Mihaly Csikszentmihalyi beschriebene »Flow« sein. Angetrieben natürlich auch von der kurz bevorstehenden Ankunft mitten in der Altstadt von Stein am Rhein.

Ende der Nachholetappe: Ankunft mit Moritz
vor der Hochschule Konstanz

Der Ausstieg, markiert von einer großen johlenden Menschenmenge, liegt kurz hinter der Altstadtbrücke. Um von der Strömung nicht vorbeigetragen zu werden, müssen wir nach der Brücke schnell reagieren und eine Seitfähre hinlegen, die passen muss, um nicht an der altertümlichen Hafenmauer hängen zu bleiben. Im ruhigen Kehrwasser bedanke ich mich bei Thorsten und Werner, die heute Maximales geleistet haben. Es ist ein schöner und intimer Empfang, der uns in Stein am Rhein geboten wird. Viele Freunde aus dem Kinzigtal sind angereist, auch alte Freunde, die ich lange nicht gesehen habe, sind dabei mit selbst gefertigten Spruchbändern und natürlich meine ganze Familie.

Glücklich und zufrieden schlafe ich später am Abend in der Jugendherberge ein. Es war ein anstrengender Tag, aber auch seit einiger Zeit einer ohne Magen-Darm-Probleme. Davon bin ich so begeistert, dass sich meine Zuversicht mehrt. Ich bin optimistisch und überzeugt, dass ich es jetzt schaffen kann – nach dieser schlechten und schmerzlichen Episode, die überwunden zu sein scheint.

4. HOCHGEFÜHLE IM HOCHRHEIN

MONTAG 04.08.2014
STEIN AM RHEIN–EGLISAU (50 KM)
DER RHEIN IST EINE RIESIGE PLASTIKMÜHLE, TEIL 1

Heute steht eine spektakuläre Etappe auf dem Programm. Von Stein am Rhein sind es etwa 20 Kilometer bis zu dem gigantischen Wasserfall in Schaffhausen. Dort werde ich mit Sicherheit nicht hinunterschwimmen, falls man dabei überhaupt von schwimmen reden kann. Mit viel Glück könnte man vielleicht den Rheinfall irgendwie überleben, aber sicher nicht unverletzt. Mir bereitet Sorgen, dass ich den Übergang nicht kenne. Es ist entscheidend, den Ausstieg einzuleiten, bevor ich am »Point of no return« ankomme. Wieder ist es ein schöner, wolkenfreier Sommertag, an dem ich vor allem meine Nase mit einem Sonnenschutz-Stick mit maximalem Lichtschutzfaktor behandeln muss. Ich weiß nicht, das wievielte Mal sich inzwischen schon die Haut abgeschält hat. Bereits in Romanshorn hat mich meine Frau eindrücklich darauf hingewiesen, dass die Nase verheerend aussieht.

Heute begleitet mich unter anderem Michael, unser Rettungsschwimmer, der als mein potentieller Lebensretter vorgesehen ist. Damit er sich nicht langweilt auf den 20 Kilometern, bekommt er die Aufgabe, meine Schwimmgeschwindigkeit zu messen. Die Messung der Relativgeschwindigkeit eines Schwimmers in fließendem Wasser ist nicht trivial. Im Vergleich der verschiedenen Messmethodiken und ihrer praktischen Einsetzbarkeit fiel die Auswahl auf ein Flügelradmessgerät, das uns von einem Schweizer Sponsor kostenfrei zur Verfügung gestellt wurde. Das Flügelrad ist am Ende einer etwa ein Meter langen Teleskopstange angebracht, die wir an einem der Begleitkanus befestigt haben. Solange das Kanu nur mit der Strömung treibt, dreht sich das Flügelrad im Wasser nicht. Es beginnt sich erst zu drehen, wenn das Boot durch Paddelschläge Fahrt aufnimmt, um parallel den Schwimmer in der gleichen Geschwindigkeit zu begleiten. So kann man ablesen, wie schnell ich aktiv schwimmend unterwegs bin. Ich will mir schließlich nicht nachsagen lassen, dass ich mich habe den Rhein einfach hinuntertreiben lassen. Das wäre aus zwei Gründen nicht möglich gewesen. Erstens hätte mich irgendwann eine Unterkühlung matt gesetzt, und zweitens hätte ich die Strecke von 1231 Kilometern niemals in 25 Schwimmtagen bewältigen können. In der Wissenschaftssendung »Kopfball« im Westdeutschen Rundfunk (WDR) wurde einmal untersucht, wie lange das Wasser von der Quelle des Rheins bis zur Mündung in die Nordsee benötigt. Hierzu wurde eine quietschgelbe Badeente ununterbrochen beobachtet, wie sie den Rhein hinabschwamm. Wenn sie irgendwo strandete, wurde sie wieder in die Strömung gesetzt. Die Kunststoffente brauchte etwa 30 Tage, wobei die Querung des Bodensees geschätzt wurde. Das heißt, wäre sie nur acht Stunden am Tag im Wasser gewesen, so wie ich etwa im Durchschnitt, hätte das kälteunempfindliche Plastiktier 90 Tage gebraucht. Durch das aktive Schwimmen konnte ich die Strecke in weniger als einem Drittel der Zeit zurücklegen.

Das Display des Flügelradmessgerätes zeichnet einen gezackten Kurvenverlauf an, mit einem Durchschnittswert von 1,1 bis 1,3 Meter pro Sekunde. Dies entspricht einer Geschwindigkeit von 4,0 bis 4,7 Stundenkilometern. Der gezackte Kurvenverlauf kommt deshalb zustande, weil das Kanu vom synchronen Paddeleinstich beim Durchzug erst beschleunigt und dann in der Rückholphase langsamer wird. Diesen kleinen Unterschied sieht man deutlich im Geschwindigkeitsprofil. Das meine ist konstanter und würde eine fast gerade Linie ergeben, wenn man das Flügelradmessgerät direkt an meinem Körper anbringen könnte. Alle Versuche diesbezüglich sind allerdings kläglich gescheitert. Zugegebenermaßen hätte ich auch ungern solch ein Metallgestänge mitgeschleppt. Der Neoprenanzug, unter dem

Ein besonderer Moment: unter der historischen Pfahljochbrücke
von Diessenhofen hindurch, der einzigen vollständig erhaltenen
Holzbrücke am Hochrhein

ich durch das ständige Reiben zunehmend Haarwurzelentzündungen bekomme, ist schon hinderlich genug. Bisher ist das aber halb so schlimm. Immer noch beflügelt dadurch, dass mein Magen Ruhe gibt und ich wieder Nahrung zu mir nehmen kann, ist alles andere sekundär.

Nach einigen Schleifen um Schaffhausen wird durch rot-weiß-rote Beschilderung frühzeitig angezeigt, wo die Weiterfahrt für den Schiffsverkehr nicht möglich ist. Die Kajakfahrer wissen, wo die letzte Ausstiegsmöglichkeit vor den sich bereits laut ankündigenden tosenden, in die Tiefe stürzenden Wassermassen liegt. Auf einem Holzsteg mitten in der Stadt steige ich in Begleitung meiner Nichte und unter neugierigen Blicken der Anwohner aus dem Rhein aus.

Die Wasserfälle in Schaffhausen sind eine Touristenattraktion. Auch als wir an der Aussichtsplattform ankommen, drängelt sich dort ein internationales Publikum. Im schwarzen Neopren mitten unter der sengenden Sommersonne auf dem schwarzen Asphalt ist die Hitze kaum auszuhalten, dennoch müssen vor dieser weiß schäumenden Sehenswürdigkeit einige Aufnahmen und Interviews gemacht werden. Währenddessen macht mein Sohn Leo Faxen, springt unter dem Aufschrei der weiblichen Touristen immer wieder mit einem Auerbach von der Brückenmauer, mit abschließender Bombe, die bis auf die Brücke hochspritzt. Das ist für mich das Signal aufzubrechen, bevor irgendwelche Schweizer Ordnungshüter, durch das Spektakel alarmiert, auftauchen, um unangenehme Fragen zu stellen. Ich klettere die Böschung hinunter, setze die Schwimmbrille auf und springe in das breite, weiß schäumende Sammelbecken des Wasserfalls, auf dem einige Touristenboote unterwegs sind.

Nach ein paar Metern in der Gischt klettere ich in das mit Fischen übervolle Rückstaubecken unter der Brücke. Dort treffe ich auf Leo, und wir schwimmen gemeinsam unter den Blicken der Schaulustigen unter der Brücke hindurch in den von den Wasserfällen abfließenden grünen und klaren Rhein. Das Wasser ist durch das Durchquirlen frisch und dort, wo die Schaumblasen langsam alle zerplatzt sind, glasklar, sodass der Grund sehr gut zu erkennen ist und damit auch die Geschwindigkeit abschätzbar wird, mit der wir unterwegs sind. Ich folge den verspielten Tauchgängen meines Sohnes und tauche mit gestreckten Armen und Delphinbeinschlag ab bis knapp über den Grund, wir gleiten mal in Bauch-, mal in Seit-, mal in Rückenlage. Es ist ein Gefühl wie Fliegen, wie wir zusammen rasend über den Grund gleiten. Wir sind so begeistert, dass wir erst spät, nach einigen Kilometern merken, dass Leo nur eine Badehose trägt und damit unmöglich die ganze Strecke mitschwimmen kann, ohne zu unterkühlen. Er muss schleunigst irgendwo ans Ufer und dann leider durch das Ufergestrüpp barfuß den ganzen Weg zurücklaufen.

Ich mache mir Sorgen: Hoffentlich kommt er gut an! Die anderen

Tosende Wassermassen stürzen in die Tiefe:
Der Rheinfall von Schaffhausen ist nichts für einen Schwimmer

Teammitglieder einschließlich meiner Familie sind noch am Wasserfall. Eine Stunde später, die mir wie eine Ewigkeit vorkommt, gibt Daniel im Begleitkanu Entwarnung: Leo ist angekommen, hat sich zwar den Fuß an einer Scherbe aufgeschnitten, die Blutung ist jedoch gestoppt. Genau das ist meine Horrorvorstellung, dass ich mir irgendwo an einer Staustufe oder einem Kraftwerk die Füße an einer Scherbe aufschneide, so, dass die Verletzung genäht werden muss und ich das Projekt wegen Entzündungsgefahr abbrechen muss. Aus diesem Grund lasse ich mir vor dem Aussteigen immer Neoprenschuhe zuwerfen, die ich noch im Wasser anziehe.

Etwa sechs Kilometer nach dem Wasserfall wird die Strömung immer langsamer, nach einer Rechtsbiegung kommen wir in Rheinau an das erste Stauwehr. Der Rhein macht hier eine vier Kilometer lange Schleife, um etwa 100 Meter über dem Weinberg am linken Ufer genau in die entgegengesetzte Richtung zu fließen. Hier wäre eine ideale Stelle, um zu Fuß abzukürzen. Aber ich möchte keine Passage auslassen, jeden Meter im Wasser mit allen Sinnen erleben.

Wir legen mit dem Kanu am linken Ufer an. Ich halte mich am Boot fest, um nicht auf den unter Wasser liegenden glitschigen Treppenstufen auszurutschen. Der Rhein hat immer noch Hochwasser, auch am Hochrhein ist das zu sehen. Bevor ich noch zu den Schuhen weiter vorne im Boot greifen kann, trete ich auf etwas Hartes, ich nehme sofort Gewicht von meinem Fuß, dennoch spüre ich den Gegenstand zerbrechen. Eine Muschel, hoffe ich. Schmerzen spüre ich keine, wahrscheinlich sind die Füße zu kalt und zu blutleer, doch als ich dann im Trockenen auf der Treppenstufe sitze und meinen Fuß in die Hand nehme, erkenne ich die etwa 3 cm lange Schnittverletzung am Fußballen. Glück gehabt, die Wunde ist nicht sehr tief. Laufen in den Neoprenschuhen geht auch schmerzfrei. Wir gehen, die Boote tragend, an den Schienen entlang eine leicht ansteigende Rampe hoch und auf der anderen Seite des Wehrs wieder hinunter.

Wieder im Wasser spüre ich meinen Puls im verletzten Fuß. Die Kühlung tut gut, und ich hoffe, dass das Wasser des Hochrheins die Wunde gut ausspülen wird, damit es keine Infektion gibt. Das zweite Stauwehr, ein Hilfsstauwehr, ist trotz schwacher Strömung schnell erreicht und auch schnell umgangen. Kurze Zeit später, nach 1,5 Kilometern fast stehendem Gewässer, kommen wir am letzten Wehr zu einer Rampe am linken Flussufer. Ich bin etwas zu weit geschwommen. Die Unterwasserlandschaft ist plötzlich eine andere geworden, das hat mich abgelenkt. Dort, wo das Wasser aufgehalten wird, deponiert es alles, was es bis hierher an die Staustufe transportiert hat. Der Anblick, der sich mir unter Wasser nach allen Seiten bietet, ist erschreckend: Im schlammigen Boden stecken jede Menge Kunststoffflaschen und dazwischen einige Getränkedosen aus bedrucktem, verzinktem Blech. Die Plastikflaschen sind hauptsächlich aus Polyethylenterephthalat – kurz PET –, einem Polymer, das eine höhere Dichte hat als Wasser und daher zu Boden sinkt. Kunststoffe sind zwar chemisch sehr beständig, und auch Wasser kann ihnen nicht viel anhaben, aber Steine sind härter als Plastik. Auf dem Weg hierher, wo das Wasser in der Sonnenhitze etwas abgestanden und modrig riecht – vielleicht liegt dies auch an der nahe gelegenen Kläranlage –, sind die Kunststoffartikel mit steinigem Geröll in Kontakt gekommen. Die Felsbrocken, die aus den Alpen in den Vorderrhein stürzen, mit der starken Strömung mitgerissen werden und dabei andere Steine und sich selbst zermalmen, bis sie an der Nordseemündung zu feinem Sand zerrieben sind, sind auch in der Lage, den weicheren Kunststoff zu zerreiben und mikroskopisch kleine Kunststoffpartikel, sogenanntes sekundäres Mikroplastik, aus dem Makroplastik herauszuschmirgeln. Der Rhein ist wie eine riesige Plastikmühle. Im Vorderrhein, Alpenrhein, Hochrhein und auf der ganzen Strecke bis zum Niederrhein konnte ich das Schmirgeln der kleineren und das Gepolter der größeren Steine laut und deutlich hören. Es hört sich an, als ob man in einer vollen Badewanne liegt, den Kopf unter Wasser, und ein Kind einen Eimer voller Glasmurmeln an der flachen Seite hineinschüttet. Anhand der Frequenz lässt sich auf die Größe der Steine schließen. Das Geräusch ist so permanent, dass man es irgendwann wie einen Tinnitus ausblendet. Auf die Gefahren des Mikroplastiks für Mensch und Umwelt werde ich später noch zu sprechen kommen.

Ich tauche auf den Grund und ziehe eine volle 1,5-Liter-PET-Flasche und eine daneben liegende Heineken-Bierdose aus dem Schlick: anthropogene, also vom Menschen verursachte Spuren im Rhein. Banale Fundstücke, die jetzt und in Zukunft die Entwicklung der Wasserqualität des Rheins beeinflussen, einer Trinkwasserquelle für 22 Millionen Menschen. Ich frage mich, wie so viele Kunststoffflaschen in den Fluss gelangen können und über welchen Zeitraum die »Ausbeute« zu verteilen ist. Ist die Staustufe eine Sammelstelle für alle leichteren Gegenstände zwischen zwei Stauwehren? Oder sieht das Flussbett auf der ganzen Strecke ähnlich aus? Nach dem Zufluss der Aare konnte ich auf den letzten 800 Kilometern beim Schwimmen den Grund nicht mehr sehen. Aber wieso gelangen die PET-Flaschen und Bierdosen überhaupt in den Fluss? Die Antwort darauf ist so einfach wie erschreckend: durch Müllentsorgung auf die einfachste und bequemste Art. Entweder man wirft seinen Müll direkt in den Fluss oder sonst wohin in die Natur. Schlussendlich landet der so »entsorgte« Müll immer über Umwege im Wasser, sei es durch Ober-

»Ausbeute« eines kurzen Tauchgangs an der Staustufe in Rheinau

flächen-, Grund- oder Abwasser. Regen, Nebenflüsse und Hochwasser tragen alles nicht fixierte Kleinmaterial in die größeren Gewässer.

Wieso gibt es nicht auf alle Kunststoffflaschen Flaschenpfand? Ich ärgere mich jedes Mal, wenn der Leergutsammelbehälter nicht alle PET-Flaschen annimmt. Denn mit den PET-Einweggetränkeflaschen verhält es sich so, dass sie nach der Rückgabe in den in Lebensmittelgeschäften aufgestellten Leergutsammelstellen geschreddert werden, sodass man kleine »Kunststoff-Flakes« erhält. Diese werden gereinigt und von anderen Stoffen getrennt. Je nach Sortenreinheit wird der PET-Sekundärrohstoff bei der Herstellung neuer Flaschen zugesetzt. Wie hoch die Anteile an PET-Sekundärrohstoffen sind, die in die Produktion neuer Getränkeflaschen oder in die Textilherstellung gehen, ist nicht nachvollziehbar. Auch steht nicht fest, wie hoch der durchschnittliche Anteil an recyceltem PET in einer neuen PET-Flasche ist. Die Industrievereinigung Kunststoffverpackungen e. V. (IK) gab in einer Stellungnahme zu einer Pressemeldung der Deutschen Umwelthilfe am 23. Juni 2010 an, dass eine Erhebung bei sechs Abfüllbetrieben mit einer Marktabdeckung von 59 Prozent der PET-Einwegflaschen folgende Ergebnisse zeigte: »26 Prozent Recycle-Anteil für die 0,5-Liter-PET-Einwegflasche (kohlensäurehaltige Getränke), 25 Prozent für die 1,5-Liter-PET-Einwegflasche (kohlensäurehaltige Getränkke), 22 Prozent für die 0,5-Liter-PET-Einwegflasche (stille Wässer) und 15 Prozent für die 1,5-Liter-PET-Einwegflasche (stille Wässer)«.

PET-Rezyklat wird außerdem als Rohstoff – vorwiegend nach Asien – exportiert. Nach Angaben des Forum PET werden etwa 50 Prozent des gesamten PET-Rezyklataufkommens zu Textilien verarbeitet. Dieses wiederverwendete Material hat zumindest nicht den Weg ins Wasser genommen. Wenn alle Kunststoffflaschen mit einem Pfand beaufschlagt teurer würden, genau wie Plastiktüten, würden erstens weniger gekauft oder verwendet und würde zweitens umweltgerechtes Verhalten bei der Rückgabe belohnt. Zu viele scheinen aufgrund mangelnder Aufklärung zu glauben, dass alles, was wertlos ist, auch nicht gefährlich sein kann und damit auch keiner Mühe wert ist: Nach einer Party am Flussufer etwa bleiben häufig genug leere sperrige Plastikflaschen einfach liegen. Wenn alle leeren Plastikflaschen noch einen gewissen Wert hätten, würden sich mehr Menschen die Mühe machen, sie zurückzugeben, und sich so für den Dienst an der Natur und vor allem am Wasser doppelt belohnen. Kann das funktionieren?

Jetzt schon existieren in all unseren Weltmeeren unvorstellbar große Plastikmüllinseln, die langsam, aber stetig durch UV-Strahlung, bakterielle, thermische und mechanische Zersetzung in immer kleinere Bestandteile zerfallen. Aus den Binnengewässern, von den Küsten, von Kreuzfahrtriesen und sonstigen Schiffen gelangen weiter Kunststoffabfälle in unsere Ozeane, die im Salzwasser meist an der Oberfläche schwimmen und damit der UV-Strahlung ausgesetzt sind. Nach einer Studie des Umweltprogramms der Vereinten Nationen (UNEP) landen jedes Jahr 6,4 Millionen Tonnen Müll im Meer, davon sollen jetzt schon 100 Millionen Tonnen auf allen fünf Ozeanen schwimmen. Die Europäische Union will den Plastiktütenverbrauch verringern, und einige Umweltunternehmen starten Rezyklat-Initiativen. Das alles sind sinnvolle Maßnahmen. Der Plastiktütenverbrauch geht zurück, seitdem die Tüte Geld kostet, das spürt jeder im eigenen Haushalt. Allerdings machen Plastiktüten nach Angaben des Bundesumweltamtes nur 0,71 Prozent des gesamten Plastikverbrauchs in Deutschland aus. Alle Anstrengungen im stofflichen Recycling sogenannter Post-Consumer-Abfälle und die Schließung von Stoffkreisläufen könnten und werden den Einsatz von Primärkunststoffen beeinflussen, ihn aber in den kommenden Jahren noch nicht signifikant verringern.

Solange wir noch Erdölvorräte auf dem Planeten Erde haben – seien sie durch Fracking aus der letzten Gesteinspore herausgepresst –, wird parallel zum prognostizierten Weltwirtschaftswachstum auch die Kunststoffproduktion, deren Produkte in fast allen Branchen nicht mehr wegzudenken sind, ansteigen. Laut einer Studie von Plastic Europe lag die weltweite jährliche Plastikproduktion 1950 bei 1,8 Millionen Tonnen, aktuell sind es 250 Millionen Tonnen, Tendenz steigend. In Deutschland landet der Plastikmüll hauptsächlich im Gelben Sack, aber nicht um wiederverwertet, sondern um in der Müllverbrennung thermisch entsorgt zu werden. Irgendwann, spätestens wenn die Erdölvorräte knapper werden, wird es gleichermaßen lukrativer werden, den Kunststoffmüll nicht mehr zu verbrennen, sondern ihn als Wertstoff zu behandeln. Dann wird es wirtschaftliche Konflikte um die Rechte des »Aberntens« der bis dahin noch weiter angewachsenen Kunststoffwirbel in den Ozeanen geben. Eine Utopie? Ökonomische Zwänge sind für Handlungsentscheidungen immer noch stärkere Antriebsfedern als ökologische, und genau das gibt mir die Hoffnung, dass aus der heute verbreiteten Ignoranz ein Begehren wird und sich damit das Plastikmüllproblem in den Ozeanen lösen könnte.

Dies wird aber nur gelingen, wenn wir das Kunststoffaufkommen insgesamt reduzieren. Aus diesem Grund sehe ich die Entwicklung der sogenannten Biokunststoffe kritisch, obwohl sie einige Vorteile gegenüber herkömmlichem Kunststoff bieten. Biokunststoffe sind Kunststoffe, die auf der Basis von nachwachsenden Rohstoffen hergestellt werden und damit erneuerbar sind. Da alles, was die Natur wachsen lässt, von ihr wieder abgebaut wird, sind diese Kunststoffe besser und vor allem schneller abbaubar als ihre synthetischen Verwandten. Wir kennen bereits Celluloid und Cellophane, die auf dem Grundbaustein Cellulose basieren, oder den kompostierbaren Biokunststoff Polylactic Acid, kurz PLA, aus dem Lebensmittelverpackungen, Trinkhalme oder Teebeutel hergestellt werden. Alles Einsatzgebiete, bei denen der Kunststoff nicht lange stabil bleiben muss. Festigkeits- und Beständigkeitseigenschaften können durch weitere chemische Modifikationen verbessert und damit das Einsammeln der synthetischen Post-Consumer-Abfälle überflüssig werden. Bei neuartigen Biokunststoffen, die schneller abgebaut werden, wird sich zudem die Frage stellen, ob zum Beispiel die Maisstärke den Weg in die Biokunststoff- oder die Nahrungsmittelproduktion nehmen soll.

Der Abbau von Biokunststoffen wird hauptsächlich durch Mikroorganismen stattfinden. Es gibt also keine Selbstzerstörung zu einem Zeitpunkt X nach der Herstellung. Der Abbau schreitet langsam voran, der Biokunststoff wird sukzessive in kleinere Teile zerlegt, an denen Mikroorganismen, Bakterien, aber auch bedenkliche pathogene Keime und Toxine anhaften. Das heißt, bei Biokunststoffen passiert die Transformation von Makro- zu Mikroplastik schneller als bei synthetischen Kunststoffen. Im Rhein haben wir neben den synthetischen technischen Kunststoffen wie PP, PE und PS auch den Biokunststoff PLA in Form von Mikropartikeln herausgefiltert. Sie können genau wie alle anderen kleinen Partikel mit einer großen Oberfläche Schadstoffe in unsere Nahrungskette transportieren. Ein schnellerer Abbau von Kunststoffen, die in die Abwässer und Umwelt gelangen, ist unter diesem Gesichtspunkt eher kontraproduktiv. Ein PLA würde in kürzerer Zeit eine größere Menge an Transportvehikeln für Schadstoffe und bedenkliche Mikroorganismen generieren.

Ein Fisch macht keinen Unterschied zwischen synthetischem und biologisch abbaubarem Mikroplastik und nimmt beides als vermeintliche Nahrung zu sich. Mit dem Fisch landet auch das über seinen Stoffwechsel absorbierte Mikroplastik samt Schadstoffen auf unserem Teller. Lediglich die Plastikmüllberge in den Ozeanen würden langsamer anwachsen, da man eben nur die makroskopische Kunststoffmenge sieht, nicht aber die gefährlichere mikroskopische. Das Problem wäre damit also nicht gelöst, sondern nur versteckt: in Schwebstoffen, Meereslebewesen, in Sedimenten und in uns.

Das klingt wie ein grundsätzliches Plädoyer gegen Biokunststoffe. Kritisch sehe ich diese Alternativ-Kunststoffe allerdings nur dann, wenn sie sich dort zersetzen, wo sich Schadstoffe anlagern können und diese dann in unser Trinkwasser oder unsere Nahrungskette eingeschleust werden. Und wenn sie uns davon abhalten, die Ozeane vom Kunststoffmüll zu befreien. Wären unsere Flüsse und Seen sauber, ohne toxische Spurenstoffe, und die Ozeane befreit von den Plastikinseln, dann wären Biokunststoffe aus nachwachsenden Rohstoffen ohne Zweifel eine willkommene Alternative zu den petrochemischen Pendants.

Das heißt aber, trotz des notwendigen technischen und wissenschaftlichen Fortschritts dürfen wir nicht vergessen, unsere Hausaufgaben zu machen. Wir müssen aufräumen, was wir hinterlassen: im Kleinen wie im Großen. In den industrialisierten Gesellschaften und auch jenen, die auf dem Weg dorthin sind, stehen das Individuum und die Erfüllung seiner alltäglichen Bedürfnisse im Vordergrund. Die Naturvölker wie zum Beispiel die Aborigines leben im Einklang mit der Natur und haben verstanden, dass der Mensch die Natur nicht zerstören kann, wohl aber die Natur den Menschen. Dies müsste uns nach Tschernobyl und Fukushima, angesichts der Zunahme von Extremwetterlagen mit Sturmfluten und Tsunamis als Folge der Klimaerwärmung eigentlich allen klar sein. Wir können der Natur langfristig nicht schaden, sondern nur uns selbst. So gesehen ist Umweltschutz reiner Selbstzweck.

Vor dem Wiedereinstieg, nachdem wir auch am letzten Stauwehr vor dem heutigen Etappenziel in Eglisau linksrheinisch zu Fuß den Gleisen des Gleiswagens gefolgt sind, trinke ich eine Tasse heißen Schwarztee aus der Thermoskanne. Innerlich aufgewärmt starten wir, um die noch fehlenden 20 Kilometer ohne weitere Pause zu bewältigen. Eine malerische Strecke im Grenzfluss zwischen der Schweiz und Deutschland liegt vor mir, bei strahlendem Sonnenschein, der das Wasser silbern glitzern lässt. Bis Eglisau am Zufluss der Glatt füllen die Töss und vor allem die Thur als zweitgrößter Fluss der Ostschweiz den Hochrhein weiter auf mit den aus den Seitentälern und Berghängen gesammelten Regenfällen der vergangenen Tage. Schon von Weitem kann ich den Zwiebelturm der Dorfkirche von Eglisau erkennen, eine willkommene Abwechslung. Kilometer für Kilometer sind nur das Grün des Uferbewuchses und – natürlich – Wasser zu sehen gewesen. So schön die Natur um mich herum auch ist, sehne ich ein Indiz dafür herbei, dass wir dem Ziel auch tatsächlich näher kommen. Der Zwiebelturm ist auf der langen Strecke ohne GPS das erste Zeichen dafür, dass es bald geschafft ist für heute. Und Eglisau präsentiert sich phantastisch. Die alten Häuser der mittelalterlich geprägten Kleinstadt am Rheinkilometer 74,4 reichen bis ans Wasser und bilden gewissermaßen ein Willkommensspalier beim Ausstieg auf der gegenüberliegenden Seite der Stadt.

Als ich über eine Metalltreppe, offenbar eine Schwimmertreppe für Badende im Rhein, auf einen mit Granitblöcken befestigten Vorplatz steige, bin ich zunächst allein und spüre beim Gehen noch den Schnitt im Fuß. Ein etwa gleichaltriger Mann tritt auf mich zu und gibt sich als Fan unseres Projekts zu erkennen. Als ich ihm berichte, dass ich mich ohne Schuhwerk keinen Zentimeter von hier wegbewege, bietet er mir einen Platz in seinem E-Mobil an und fährt mich ein Stück die Zufahrtsstraße zum Rhein hoch, wo Helga und Tim im Hof eines Bauernhofes geparkt haben. Der Landwirt, der den Hof sein Eigen nennt, stellt uns seine Scheune zur Verfügung, in der wir all unsere Kajak- und Paddelausrüstung nebst Booten und Neoprenbekleidung vor Ort aufhängen und deponieren können. Das erleichtert die Logistik.

Nachdem alles für den morgigen Tag vorbereitet ist, fahren wir zurück nach Schaffhausen. Dieses Mal aber auf die andere Rheinseite oberhalb des Rheinfalls zur Jugendherberge am Schloss Laufen in Dachsen. Der Blick von unserer Unterkunft hinunter auf den Rhein-

Der Rheinfall von Schaffhausen bei Nacht

fall ist einmalig. Von der Schlossherberge führt ein auch am Abend und frühen Morgen nicht verschlossener befestigter Weg direkt über und neben die hell weiß schäumenden, ungeheuer lauten Wassermassen, die man mit der ausgestreckten Hand sogar berühren kann. Nirgendwo sonst kommt man dieser Naturgewalt so beängstigend nahe. Das ganze Team nutzt nach dem üppigen Abendessen mit mehreren Nachschlägen die Gelegenheit für Nachtaufnahmen am tosenden Wasser.

Ich schlafe früh ein. Das Geräusch des sich in die Tiefe stürzenden Rheins schraubt sich die Schlossmauern empor, und so ist der Fluss nicht nur am Tage, sondern auch am Abend und in der Nacht, in die er mich, ohne nachzulassen, einspült, mein ständiger Begleiter.

An der Einstiegsstelle in Eglisau legen wir routiniert unsere Neoprenanzüge an. Die Boote sind schnell im Wasser und ich auch. Nach kurzer Zeit erreichen wir das erste Kraftwerk, das ich bewusst wahrnehme. In Schaffhausen nach dem Ausstieg gab es schon eines, allerdings
sind wir dort mit den Fahrrädern zu schnell daran vorbeigefahren, um
einen Eindruck von der Anlage mitzunehmen. Das Kraftwerk Eglisau-Glattfelsen zählt zu den schönsten Flusskraftwerken überhaupt.
Bei Baubeginn 1915 war es das modernste Flusskraftwerk Europas.
Auch heute noch wirkt der Bau respekteinflößend mit den fünf tra-
genden Betonpfeilern, die die Wassermassen bändigen.

Der Ausstieg für die Kanuten ist rechts. Während die Boote ein
ganzes Stück am Waldrand entlang zur Einsetzstelle getragen bzw.
gerollt werden müssen, laufe ich auf einer Metallgitterrampe, wahrscheinlich ein Betriebsweg, hinunter. Im aufgeschäumten Rückstaubecken hinter der Kraftwerksbrücke, wo sich aus einem der fünf her-
untergefahrenen Wehre das Wasser des Hochrheins in einen zehn
Meter hohen, donnernden Wasserfall ergießt, hat sich allerlei Treibgut angesammelt, welches den Wirbeln nicht mehr entkommen kann
oder sich am Ufer festgehakt hat. Das direkt am Geländer angebrachte »Baden verboten!«-Schild hält mich kurz zurück, doch nach Begut-
achtung der Lage und der Strömungsverhältnisse kann ich eine Passage erkennen, in der das Schwimmen möglich sein wird. Mit hohen
Ellbogen und dem Kopf aus dem Wasser gestreckt, so wie Wasserbal-
ler es tun, wenn sie einen Ball zwischen den Armen führen, schwimme ich aus dieser Gefahrenzone heraus in die Mitte des abfließenden
Flusses.

An der nächsten Biegung stößt die Bootsbegleitung zu mir. Das
Schwimmen bis zum nächsten Wasserkraftwerk Reckingen macht

Umgehung des Wasserkraftwerks in Eglisau-Glattfelsen

Spaß. Die Strecke ist bis zum Ufer bewaldet, teilweise sehe ich kleine aufgeschüttete Badebuchten oder ein herrschaftliches Landhaus direkt am Wasser – so dicht zum Teil, dass ich beim Atmen nach rechts in die Fenster schauen, aber nicht das Dach sehen kann. Nach 10 Kilometern erreichen wir bei Reckingen den Kraftwerksbau aus den Kriegsjahren. Errichtet wurde er zwischen 1938 und 1941 zur Sicherstellung der Energieversorgung der beiderseits des Rheins gelegenen Werke: eine völlig unprätentiöse, nüchterne Stromfabrik. Seine zwei Turbinen erzielen eine Leistung von 38 Megawatt. Die mittlere Jahresproduktion beträgt 252 Gigawattstunden. Als wir das Kraftwerk auf einem lang gezogenen Fußweg umgehen, kommen wir an einer Anzeigetafel vorbei, die uns mitteilt: 36,2 Megawatt; 22 Grad Celsius Lufttemperatur; 19 Grad Celsius Wassertemperatur; Rheinabflussmenge 766 Kubikmeter Wasser pro Sekunde.

Bis zum Koblenzer Laufen, kurz vor dem Zufluss der Wutach, sind es weitere 10 Kilometer. Das unruhige Wasser dieser Stromschnellen ist schon von Weitem zu erkennen. Ein ungewöhnlicher und überraschender Anblick im Vergleich zu der ruhigen Oberfläche des Hochrheins – die unmittelbare Umgebung der Kraftwerke und Stauwehre einmal ausgenommen. Je näher ich komme, umso höher steigt der Puls. Die Oberfläche des Flusses erinnert an brodelndes Wasser in einem Kochtopf. Auf der ganzen Breite des Flusses gibt es Strudel, Presswasser, das von unten nach oben strömt, eine chaotische Wasseroberfläche. Es ist sinnlos, sich hier eine bestimmte Schwimmrichtung auszusuchen, also versuche ich, mittendurch zu schwimmen. Ich fühle mich wie ein Korken in der rotierenden Trommel einer in Betrieb befindlichen Waschmaschine. Das Wasser reißt an mir in alle Richtungen, mal gleichzeitig, mal hintereinander. Ich werde hinuntergesaugt und nach oben gespuckt. Um nicht in einen Strudel zu geraten und hängen zu bleiben, bemühe ich mich, durch maximale Körperspannung gerade wie ein Brett zu bleiben und mich mit den Armzügen dann, wenn sie möglich sind und ich nicht gerade unter Wasser bin, nach vorne zu arbeiten. Ich komme voran, das sehe ich in den kurzen Augenblicken, in denen ich das Ufer wahrnehmen kann.

Es geht alles so schnell, dass ich mich automatisch und wie in Trance bewege. Der Eintritt in diesen wilden Abschnitt kam so unvorbereitet, dass ich gar keine Zeit hatte, in Panik zu geraten. Was in der »Waschmaschine« mit mir passiert, hätte ich mir außerdem vorher gar nicht auszumalen vermocht. Auf der etwa einen halben Kilometer langen, turbulenten Stromschnelle war ich mehr unter als über Wasser. Die Luft in meinen Lungen reichte aber immer aus, die Unterwasserpassagen unbeschadet zu überstehen. Das Hochwasser hatte den Fluss am Koblenzer Laufen noch stärker aufgewühlt als sonst. Ich bin dankbar für den Neoprenanzug, der mir nicht nur als Kälteschutz dient, sondern auch etwas mehr Auftrieb gibt. Jedes Mal, wenn ich im Vorfeld des Projekts davon gehört oder gelesen habe, dass Schwimmer oder Kajakfahrer im Rhein ertrunken sind, fehlte mir die Vorstellung, wie so etwas passieren kann. Als passionierter Leistungsschwimmer kann man sich nicht wirklich vorstellen, wie es ist zu ertrinken. Jetzt nach dieser Passage kann ich es.

Nach einer kurzen Erholungsstrecke im ruhigen Wasser verschwinden einige Ufer, und ich sehe nur noch Wasser um mich herum. Meine Bootsbegleitung ist etwas weiter voraus, und ich kann mich nicht für eine Richtung entscheiden. Es gibt zwei Möglichkeiten. Sonst verrät mir die Hauptströmung die Richtung. Oder ich erkenne beim Zufluss eines Nebenflusses am Volumen leicht, welches der Hauptstrom und welches der Nebenfluss ist. An der jetzigen Kreuzung ist das schier unmöglich. Franz im Kajak hält sich am rechten Ufer, wir haben den Zufluss der Aare, des mit 288 Kilometer längsten Flusses der Schweiz, erreicht. Die Schweizer behaupten, dass der Rhein ab dem Zufluss eigentlich Aare heißen müsste, benannt nach dem wasserreichsten Nebenfluss. Im Durchschnitt führt die Aare nahe der Mündung 735 Kubikmeter Wasser pro Sekunde dem Rhein zu. Am Kraftwerk Reckingen hatte ich eine Abflussmenge von 766 Kubikmetern Wasser pro Sekunde für den Rhein abgelesen. Der Rhein hat immer noch Hochwasser, ebenso die Aare, sodass ihr Abflussvolumen sicher auch über dem Durchschnittswert liegt. Die Schweizer Forderung ist also gar nicht mal unplausibel. Doch der Rhein ist eben nicht nur ein Fluss, sondern neben Transportmittel, Naherholungsgebiet und Wirtschaftsader auch ein jahrhundertealtes Kulturgut, das schon lange vor Strömungsmessungen existierte und seine Umwelt prägte. An der nächsten Flussbiegung in Waldshut legen wir direkt am Rheincamping an. Das Restaurant des Campingplatzes ist nur wenige Schritte vom Flussufer entfernt. Nicola hat schon alles organisiert. Ein großer Tisch ist reserviert und das Essen bestellt.

Nach einer kurzweiligen Mittagspause geht es wenige Schwimmkilometer weiter bis zum nächsten Kraftwerk Albbruck-Dogern mit seinem flachen, unscheinbaren Maschinenhaus, das es wieder zu umgehen gilt – mit den Kajaks eine zeitaufwendige Angelegenheit. Die Sonne brennt mir heiß in den Nacken, Sonnencreme mit Lichtschutzfaktor 50 ist Pflicht. Endlich folgt zwischen Leibstadt und Laufenburg eine mindestens 10 Kilometer lange Strecke ohne Stauwehr oder Kraftwerk. Für den Rhythmus ist es gut, einfach einmal ohne Unterbrechung durchzuschwimmen.

Der Hochrhein vom Bodensee bis Basel ist mit einem Gefälle von 150 Metern auf 145 Kilometer, also von etwa einem Promille, prädestiniert für die wirtschaftliche Nutzung der Wasserkraft. Daher finden sich auf dieser Strecke auch insgesamt elf Wasserkraftwerke. Hinzu kommt, dass steile und hohe Ufer eine gleichmäßige Wasserführung garantieren, die durch den Bodensee und die Aareseen ausgeglichen werden kann. Diese elf Anlagen zur Stromerzeugung zwischen Schaffhausen und Birsfelden machen mit einer Aneinanderreihung mehrerer »Stauseen« aus der »Fluss-Schräge« gewissermaßen lang gezogene Treppenstufen. Für Umwelt und Wirtschaft ist diese nachhaltige Produktion erneuerbarer Energie hervorragend, für den Schwimmer bringt sie einige Mühen mit sich. Auf den »Treppenstufen« gibt es fast keine Strömung mehr. Hier ist viel Krafteinsatz erforderlich, um voranzukommen. Nach den Kraftwerken, wo man von einer »Treppenstufe« auf die darunterliegende gelangt, schwimmt es sich zunächst recht schnell, da die anfänglich starke Strömung den Schwimmer mitträgt. Je näher aber das nächste Kraftwerk kommt, umso zäher fließt das Wasser: Es scheint zu stehen. Die relative Geschwindigkeit ist gleich der absoluten, und diese kommt einem im Vergleich zur Strömungsunterstützung am Anfang so langsam vor, dass die Psyche mithelfen muss, um nicht zu verzagen. Wenn sich eine solche Strecke Kurve um Kurve zieht, ohne dass man weiß, wie weit es noch ist, wird das Schwimmen nicht nur zu einer körperlichen Herausforderung.

Ein ähnliches Gefälle wie am Hochrhein zeigt der Strom auch noch zwischen Basel und Iffezheim. Dort bremsen dann Schleusen, die die Schifffahrt rheinaufwärts bis Basel ermöglichen, die Strömungsgeschwindigkeit. Danach fließt der Oberrhein mit einem Gefälle zwischen nur noch 0,1 und 0,2 Promille in die Nordsee – mit Ausnahme der Passagen zwischen Bingen und St. Goar sowie zwischen Koblenz und Andernach, wo das Gefälle noch einmal mit 0,41 bzw. mit 0,28 Promille stärker wird.

Endlich, kurz vor Laufenburg, wieder Anzeichen von Zivilisation. Menschen winken vom Balkon ihrer Häuser, die den Flusslauf flankieren und zur schönsten Seite ausgerichtet sind. Es werden immer

Laufenburg von seiner schönsten Seite: Traumhafte
Passage durch das antike Häuserspalier

mehr, die mich im Fluss wahrnehmen und die mir von ihren Grund-
stücken oder von den Promenaden am Rhein zuwinken. Sofern ich es
bemerke, winke ich zurück.

Nach einer Pause in Laufenburg mussen wir kurze Zeit später das
örtliche Kraftwerk umgehen, das 1916 in Betrieb ging. Damals hatte
ein englischer Ingenieur namens Ferranti erstmals beides, Wehr und
Maschinenhaus, quer über den Fluss gelegt. Damit hatte er den Pro-
totyp künftiger Flusskraftwerke geschaffen.

Von Laufenburg nach Bad Säckingen, dem Etappenziel, sind es
noch etwa acht Kilometer, eigentlich in weniger als zwei Stunden
schwimmbar. Doch am letzten Kraftwerk bei Säckingen verbrachten
wir alleine eine Stunde damit, einen ungefährlichen Wiedereinstieg in

den Fluss zu finden. Zur Errichtung der Wehranlage des Kraftwerks, das seit 1966 Strom erzeugt, musste zuerst der Rhein um 100 Meter verbreitert werden. Dann trug man das linke Ufer, auf dem wir das Kraftwerk umgehen, zu einem großen Teil ab. Aus diesem Grund fällt das so künstlich geschaffene Ufer mehrere Meter steil ab. Zudem ist es sehr dicht bewaldet und bewachsen. Mit den langen Booten bepackt und mit durchnässten Neoprenschuhen auf rutschigem Untergrund unterwegs, haben wir große Mühe, uns einen Weg zum Ufer zu bahnen und die Boote zu Wasser zu lassen. Zu allem Überfluss bestehen nach dem Uferbewuchs die letzten Meter bis zum Wasser aus einer ebenfalls steil abfallenden, veralteten Betonbefestigung mit schroffen Stufenkanten. Keiner will sich kurz vor dem Ziel auf der anderen Seite des Flusses, auf der schon viele Schaulustige ungeduldig warten, verletzen.

Jetzt muss ich eigentlich nur noch den Fluss überqueren, und ich bin für heute am Ziel. Doch die einfach klingende Aufgabe stellt sich als ziemlich schwierig heraus. Die auslaufenden Wassermassen aus dem Kraftwerk Säckingen türmen sich zu hohen, schaumkronenbesetzten Wellenbergen. Durch das Hochwasser ist auch nicht auszumachen, ob nicht in Ufernähe noch weitere Doppel-T-Träger befestigt sind, die vereinzelt herausragen. Ich laufe auf einer Begrenzungsmauer aus Beton längs des Flusses entlang. Am Ende der Betonmauer, so weit wie möglich entfernt von den tosenden Wassermassen, die hinter dem Kraftwerk an mir vorbeischießen, steige ich von der Mauer hinunter ins Wasser. Ich taste mich mit den Füßen weiter voran, bis ich keinen Boden mehr unter den Füßen spüre. Die Kajaker signalisieren mir, erst loszuschwimmen, sobald sie mich flussabwärts absichern können. Um nicht von der Strömung mitgerissen zu werden, halte ich mich an einem verrosteten Befestigungsring in der Betonmauer fest.

Nach dem Startzeichen aus den Begleitbooten lasse ich los, stoße mich von der Mauer ab und werde tangential von den Wassermassen mitgerissen. Ich versuche, mit maximaler Armzugfrequenz zu kreuzen und in Richtung Flussmitte zu schwimmen, was mir auch gelingt. Aber ich muss weiter, kann mir keine Verschnaufpause gönnen. Die Säckinger Brücke, unmittelbar hinter ihr ist rechtsrheinisch der Ausstieg, kommt schneller auf mich zu, als mir lieb ist. Unmöglich, ich schaffe es nicht mehr, den letzten Brückenpfeiler rechts schon in Ufernähe zu nehmen, ich muss links vorbei. Als der massive meterhohe Pfeiler die Sicht zum Ufer freigibt, schaue ich direkt in die lautstark rufende bunte Menschenmenge. Wie soll ich dort hinüberkommen? Die zusammenlaufende Strömung hinter dem Brückenpfeiler wird mich gnadenlos an der Betontreppenpromenade vorbei mitreißen.

Ohne auch nur eine Sekunde nachzudenken, reagiere ich auf diese Situation genauso, wie ich es im Vorderrhein gelernt habe, und starte einen Sprint zur Seitfähre nach rechts, schräg stromaufwärts schwimmend. Ich schaffe es nicht ganz, in der Strömungsgeschwindigkeit zu schwimmen, nähere mich aber Stück für Stück unter den Anfeuerungsrufen der Zuschauer dem Ufer, bis ich das Kehrwasser spüre, mich mit Handschlag bei meinen Begleitern bedanke und auf die unterste überspülte Treppenstufe schiebe. Ich bin ebenso überrascht wie die applaudierenden Zuschauer, wie reibungslos mir dieses Manöver gelungen ist.

Auf der Hochrheinterrasse treffen Kollegen, Studenten, Assistenten des Dekanats und Mitarbeiter des technischen Dienstes der Hochschule auf Einheimische aus Bad Säckingen, die Kaffee und Croissants für mich bereitgestellt haben. Ein berührender Empfang. Danach fahren meine Familie und ich ins Hotel Fridolin, und zwar in einem neu hinzugewonnenen Wohnmobil, das stark an das fahrende »Drogenlabor« aus der amerikanischen Kult-Serie »Breaking Bad« erinnert. Uns fehlt aber noch ein Fahrer, der das »Ungetüm« die kommenden Wochen steuert: Mein Vater Rolf, der von der Pike auf – zuletzt als Geschäftsführer – im Speditionsgeschäft tätig war, übernimmt den Job. Jetzt mit 69 Jahren hat er außer Reisen und Sport nicht mehr so viel zu tun. Er ist sofort bereit, ab Freitag einzuspringen. Meine

Ankunft in Bad Säckingen

Mutter hat auch nichts dagegen, einige Zeit auf ihn zu verzichten. Von Breisach bis an unser Ziel in Hoek van Holland ist er nun fester Teil unseres Teams. Für uns ein Glücksfall, denn wir brauchen so einen wie ihn: einen Pragmatiker, der es gewohnt ist, klare Anweisungen – man könnte auch sagen: Befehle – zu geben. Was ihm zu Hause eher Ärger einbringt, ist bei unserem Abenteuer dringend gefragt. Die Familie Fath würde also bald einen weiteren Expeditionsteilnehmer stellen.

Jetzt benötigen wir nur noch jemanden, der bis dahin das Fahrzeug fährt und so die Lücke zwischen Bad Säckingen und Breisach schließt. Das übernimmt dankenswerterweise mein Kollege Roland Hirschmann, der schon in St. Margrethen als Unterstützung zur Verfügung stand.

MITTWOCH 06.08.2014
BAD SÄCKINGEN–BASEL (37 KM)
DER ABBRUCH DROHT

Das Anlegen des Neoprenanzugs erfordert Geduld. Zentimeter für Zentimeter muss man bei allen Extremitäten so lange stückchenweise am Anzug ziehen, bis alles sitzt, ohne dass eine Falte stört oder die Beweglichkeit eingeschränkt wird. Bei einem Abrutschen oder zu starken Ziehen reißt der Anzug ein und kann seine wärmende Funktion immer schlechter erfüllen. Durch einige Kontakte mit Flussfelsen hatte der Anzug, der inzwischen im Haus der Geschichte in Stuttgart hängt, schon zahlreiche Abschürfungen und Risse. Nach einigen Dehnübungen, um Trizeps, Pectoralis, Latissimus und die Schultermuskulatur auf die bevorstehende Belastung vorzubereiten, fette ich mir den Nacken und die Schulterpartien des Neoprenanzugs ein, um den Abrieb auf meiner Haut und am Neoprenanzug durch meine Bartstoppeln zu minimieren.

Da ich keine Sicht in das sedimentaufwühlende Wasser habe, verabschiede ich mich mit einem Bauchklatscher von den Ufergästen. Bis zum ersten Kraftwerk in Schwörstadt sind es etwa 12 Kilometer. Bis dahin begleitet mich ein Kamerateam des SWR. Das Kraftwerk Ryburg-Schwörstadt, das – erbaut zwischen 1927 und 1931 – den Einstieg in den Großturbinenbau markierte, ist eine Pionierleistung seiner Zeit. Wir können es unkompliziert auf kurzem Wege am linken Ufer umgehen. Als größtes der elf Wasserkraftwerke am Hochrhein produziert es mit seinen Turbinen bei einer Schluckwassermenge von 365 Kubikmetern Wasser pro Sekunde enorme 760 Gigawattstunden im Jahr. Selbst das Kraftwerk Neu-Rheinfelden, das erst Ende 2010 ans Netz ging und das uns schon zwei Kilometer nach Schwörstadt aufhält, erreicht diese Leistung nicht.

An der Neu-Rheinfelder Anlage müssen wir die Boote über einen Kilometer entlang des alten Kraftwerkskanals rechtsrheinisch um das alte und das neue Stauwehr tragen. Auf dem Weg nimmt uns der Chef des Kraftwerks persönlich in Empfang, erklärt uns alle wichtigen Daten und zeigt uns stolz die neue Fischtreppe, dank der Wanderfische problemlos am Kraftwerk vorbeigelangen. Er begleitet uns zur Wiedereinstiegsstelle. Das »Baden verboten!«-Schild neben uns ignorieren wir beide, bevor es weitergeht zum vorletzten Kraftwerk in knapp acht Kilometern Entfernung, dem Doppelkraftwerk August-Wyhlen mit seinen zwei sich gegenüberliegenden Maschinenhäusern.

Bis dahin freue ich mich über endlich wieder ein Stück freie Strecke zum Schwimmen, um Kilometer zu machen. Für meinen Kopf zugleich die Gelegenheit, das Erlebte Revue passieren und den Sorgen ob des Bevorstehenden freien Lauf zu lassen: Auch das Abenteuer Hochrhein, der sich mir aufgrund des Hochwassers noch wilder und unberechenbarer präsentierte, haben wir nahezu überstanden. Doch welche unvorhersehbaren Ereignisse auf dem Rhein, die ein Weiterschwimmen nicht erlauben würden, könnten noch auf uns warten? Schwere Unwetter, häufige Gewitter, Unfälle, Krankheit, Schwimmverbot wegen Hochwassers oder gravierender Flussverunreinigungen – es gab eine ganze Reihe von Szenarien, die unseren Zeitplan, sogar das Projekt an sich gefährden könnten. Wir hatten mit drei Ruhetagen nur einen sehr kleinen Puffer eingeplant. Einen davon hatten wir bereits am Bodensee aufgebraucht. Noch einen Tag Verlust aufgrund einer Zwangspause konnten wir logistisch eventuell kompensieren, ein zweiter Ausfalltag käme einem Scheitern gleich.

Genau am 4. August, als ich von Stein am Rhein aufbrach, ereignete sich ein Schiffsunglück im Basler Hafenbereich, genauer gesagt: eine Kette von Unfällen, in deren Folge es zu einer Sperrung der gesamten Schifffahrt kam, rheinauf- wie rheinabwärts. Die »Merlin«, ein 51 Meter langes Kranschiff, hatte am frühen Montagmorgen aus noch ungeklärten Gründen in der Rheinmitte Schlagseite bekommen. Innerhalb weniger Sekunden kippte das mit Kies beladene Schiff ganz und zeigte plötzlich nur noch seinen schwarzgrauen Rumpf.

Die Besatzungsmitglieder wurden in letzter Sekunde gerettet. Das gekenterte Schiff trieb weiter, bis es sich auf der Höhe des ehemaligen Migrol-Areals mit den Kranaufbauten im Rheinboden verkrallte. Man dachte, das Schlimmste sei überstanden, doch einige Hundert Meter stromaufwärts lief das Hotelschiff »MS Olympia« gerade aus und konnte einer seitlichen Kollision mit dem Baggerschiff nicht entgehen. Durch die Wucht des Aufpralls des Flusskreuzfahrtschiffes, dessen Passagiere eigentlich nach Köln reisen wollten, löste sich die Verankerung, und beide Schiffe trieben manövrierunfähig rheinabwärts. Dabei kollidierten sie mit einem weiteren am Ufer vertäuten Kreuzfahrtschiff, der »Lafayette«. Aus dem havarierten Baggerschiff, das weiter rheinabwärts mit Stahlseilen gesichert wurde, trat Dieselöl aus, das flussabwärts floss. Bei den Zusammenstößen wurde der Baggerkran der »Merlin« abgerissen. Er wird seitdem von den Einsatzkräften gesucht. Die Behörden wollten natürlich keine Fortsetzung dieses »Domino-Unglücks« riskieren und stoppten daher die komplette Schifffahrt bis zum Auffinden der Stahlkonstruktion. Ich würde Basel erst am heutigen Mittwoch erreichen. Die Wasserschutzpolizei hatte also zwei Tage Zeit gehabt, den abgerissenen Bordkran des Kranschiffs in der Fahrrinne zu finden, zu entfernen und den Schiffsverkehr wieder freizugeben.

Ich will mich gedanklich nicht weiter damit beschäftigen, dass in Basel ungewollt Pause oder gar ganz Schluss sein könnte. Zwei Tage lang habe ich also inständig gehofft, dass man den Kran finden und die Schifffahrt wieder freigeben möge. Nach der Mittagspause sind es nur noch etwa 10 Kilometer bis zum letzten Kraftwerk in Birsfelden. Die Aussicht, endlich alle Flusskraftwerke und den Hochrhein bis zum »Rheinknie« in Basel, wo der Fluss sich gen Norden wendet und zum Oberrhein wird, hinter mir zu lassen, treibt mich an.

Das Kraftwerk Birsfelden ging 1954 ans Netz. Als wir bei der Umgehung die Boote durch bewaldetes Grün tragen, öffnet sich der Blick auf die in der Sonne glitzernde Glasfassade des Maschinenhauses. Das Kraftwerk deckt immerhin 17 Prozent des Strombedarfs der Groß-

Regelmäßige Erholungspausen müssen sein:
Rast auf einem Anleger gegenüber Kaiseraugst

region Basel. Der Rhein scheint nach dem letzten großen Hindernis für den Warentransport zu Wasser breiter zu werden.

Zu beiden Seiten der Wasserstraße reiht sich eine große Chemiefabrik an die andere. Die chemische und pharmazeutische Industrie in Basel nutzt den Fluss als Transportweg sowohl für benötigte Ressourcen und Materialien als auch für die hier produzierten Güter. Entsprechend muss ich mir den Fluss ab jetzt mit schweren Wasserverdrängern teilen. Erste Frachter kommen mir entgegen, ich kann die Richtung, die sie nehmen, von weitem nicht einschätzen. Ich schwimme nach links, plötzlich drehen sie auch nach links ab. Die mäandernde Fahrrinne kann ich 20 Zentimeter über der Wasseroberfläche nicht erkennen. Die Frachter zeigen sie mir an.

Es ist kein sorgloses, entspanntes Schwimmen mehr möglich. Ständig muss ich den Kopf aus dem Wasser herausheben, um Bojen, Brückenpfeiler und Richtungswechsel des Gegenverkehrs zu erkennen und rechtzeitig zu reagieren und gegenzusteuern. Seit Birsfelden in einer Art Industriebecken unterwegs, kann ich meine Hände nach ihrem Eintauchen nicht mehr sehen. Die chemischen Industrieanlagen der Global Player von Hoffmann-La Roche über Ciba Geigy bis Sandoz längs des Rheins verursachen ein ungutes Gefühl. Dass das Wasser hier trüber ist als im Hochrhein, hängt natürlich auch mit dem Frachtschiffverkehr zusammen. Der dichte Verkehr konzentriert am Knotenpunkt Basel Tausende von Schiffsschrauben-PS, die zusätzlich zur starken Strömung das Wasser derart durchquirlen, dass sich nichts absetzen kann und Sediment aufgewühlt wird. Ich zweifle daran, dass das Wasser hier sauber genug ist, um keine gesundheitlichen Schäden davonzutragen. Noch nicht vergessen ist die Sandoz-Umweltkatastrophe, die sich am 1. November des Jahres 1986 ereignete. Damals brach in der »Schweizerhalle«, einer Chemikalienlagerhalle des Chemieunternehmens Sandoz, ein Großfeuer aus. In der Lagerhalle befanden sich 1350 Tonnen hochgefährliche, giftige Chemikalien, die in Flammen aufgingen. Mehr als 20 Tonnen dieser toxischen Chemikalien flossen mit dem Löschwasser bei Kilometer 169, der kurz vor mir liegt, in den Rhein und färbten ihn blutrot. Der gesamte Aalbestand wurde auf den folgenden 400 Flusskilometern ausgelöscht. Fotos von tonnenweise mit verendeten Aalen gefüllten Containern gingen um die Welt.

Diese Bilder brannten sich auch in mein Gedächtnis ein. Das Löschwasser selbst enthielt damals giftige Substanzen, die, weil wir es inzwischen besser wissen, heute verboten sind. Der folgenschwere Unfall brachte es mit sich, dass der Rhein als Trinkwasserquelle für 22 Millionen Menschen bis in die Niederlande ausfiel. Die Trinkwasserentnahme wurde für drei Wochen eingestellt. Diese ökologische Katastrophe ereignete sich im selben Jahr wie der Reaktor-GAU von Tschernobyl. Der damals noch jungen und vielfach belächelten

Umweltbwegung in Deutschland bescherten beide Ereignisse viel Zulauf. Heute ist Umweltschutz, wenn auch mit unterschiedlicher Ausprägung, ein selbstverständliches Anliegen aller demokratischen Parteien. Und das ist auch mit Blick auf den Rhein gut so, denn Vater Rhein liegt zwar nicht mehr auf der Intensivstation, aber er ist immer noch Patient!

Der Unfall in Basel mit seinen Folgen für unser kostbares Trinkwasser markierte den Höhepunkt der Zeit, in der Industrieabwässer ungeklärt in Flüsse eingeleitet werden durften. Einer Zeit, an die sich viele Menschen, die ich auf meiner Rhein-Reise kennenlerne, mit Grauen zurückerinnern. Freizeitpaddler erzählen mir von ihren verätzten Unterarmen, Taucher von ihren sich auflösenden Gummischuhen. Seitdem hat sich im Gewässerschutz viel getan. Kläranlagen wurden gebaut, um ein Direkteinleiten von Industrieabwässern massiv einzuschränken, Rheinüberwachungsstationen mit Messsystemen wurden eingerichtet und Alarmpläne samt Notfallmaßnahmen aufgestellt. Störfallverordnungen schrieben den Bau neuer bzw. die Vergrößerung bestehender Löschwasserrückhaltebecken und die Einrichtung dezentraler Chemikalienlager vor. Eine internationale Kommission zum Schutz des Rheins wurde ins Leben gerufen, und im Jahr 2000 verabschiedete die Europäische Union (EU) eine Wasserrahmenrichtlinie mit Qualitätsvorgaben für alle Gewässer in der EU, die bis 2015 erfüllt sein sollten.

Allerdings wurde dieses Ziel bislang noch nicht erreicht. Auch, weil vielen der Sandoz-Skandal eben nicht mehr präsent genug ist. Sie wollen wir mit dem Projekt »Rheines Wasser« erreichen, im besten Fall aufrütteln. Denn auch wir finden bei unseren Analysen Stoffe im Rhein, die eigentlich von Kläranlagen eliminiert werden sollen. Jüngste Ereignisse wie der Skandal mit giftigen Perfluorierten Tensiden (PFT) in Düsseldorf 2015, auf den ich noch zu sprechen komme, zeigen auch, dass es immer wieder Rückschläge beim Gewässerschutz gibt. Deshalb darf man nicht nachlassen, wenn es um die Reinhaltung unserer Gewässer geht!

Der unangenehme Geschmack im Basler Rheinwasser holt mich in die Realität zurück. Das Flusswasser schmeckt nach Diesel, und ich kann den in den Mund genommenen Schluck gar nicht schnell genug wieder loswerden. Welch ein Unterschied zum köstlichen, frischen Nass des Vorder- und Hochrheins. Am Basler Eck steige ich aus dem Wasser, setze mich auf eine Treppenstufe und betrachte wie alle anderen Besucher dieser Flaniermeile die Skyline jenseits des Stromes. In Basel sehe ich Matthias Ruff wieder, der als Gesandter seines Wasserforschungsinstituts, der EAWAG, schon am Tomasee und bei der Pressekonferenz in Chur Präsenz gezeigt hat. Die EAWAG kooperiert mit der Rheinüberwachungsstation in Basel, und er versichert mir, dass trotz meines Geschmackserlebnisses die Wasserqualität so schlecht nicht sei. Vielleicht sind mein Geruchs- und Geschmacksempfinden etwas durcheinandergeraten, und meine Sensorik hat den Abgas- und Dieselgeruch im Hafengebiet fehlinterpretiert.

Ich schwimme weiter, muss mich dabei möglichst rechts halten, außerhalb der Fahrrinne, bewege mich wenige Meter vorbei an festgemachten Frachtern und Kreuzfahrtschiffen, dann plötzlich der ungewohnte Anblick eines Schiffes, dessen 50 Meter langer lebloser Rumpf hoch aus dem Wasser ragt: die vor wenigen Tagen havarierte »Merlin«. Das umgekippte Schiff sieht gespenstisch aus, wie ein riesiger gestrandeter Wal, der seine verletzliche Bauchseite preisgibt und dessen letzter Atem ausgehaucht ist. Zurückgeblieben sind die Überreste als Zeuge der Mehrfachkollision vor zwei Tagen. Offenbar – und das stimmt mich zuversichtlich – wurde der Baggerkran des Havaristen geborgen, denn sonst hätte ich nicht unbehelligt bis hierher schwimmen können.

Später am Abend, zu Gast bei der Firma Contargo, die uns großzügig bewirtet, erzählen mir Mitarbeiter des Unternehmens, dass ursprünglich geplant war, mich mit dem Containerkran im Hafenbecken aus dem Wasser zu heben. Nach dem, was ich gesehen habe, wäre das wirklich spektakulär gewesen. Doch niemand hatte mich in die Hafeneinfahrt, die senkrecht vom Rhein wegführt, gelotst. Selbst

Matthias Ruff in Basel – in der Hand den Sampler,
die »künstliche Fischhaut«, die alle Stoffe registriert,
mit denen ich im Rhein in Berührung komme

habe ich von der Fahrrinne aus keine Hafeneinfahrt wahrgenommen. Die verpasste Gelegenheit lässt mir keine Ruhe, und ich schlage spontan vor, dass wir den Start morgen früh in dieser Weise praktizieren könnten. Kurz entschlossen disponieren wir für den nächsten Tag um.

5. UNTER FRACHTSCHIFFEN – IM OBERRHEIN

DONNERSTAG 07.08.2014
BASEL–BREISACH (59 KM)
TANZENDE TROPFEN AM DREILÄNDERECK

Wir sind pünktlich um 9.45 Uhr am verabredeten Treffpunkt, dem Containerkran, der Contargo AG in Basel. Alles ist professionell vorbereitet, auch Holger Bochow, der Managing Director, ist vor Ort und natürlich die Presse, die von der außergewöhnlichen Fracht, die heute zu Wasser gelassen wird, erfahren hat. Die Unterstützung, die wir von Contargo erfahren, ist enorm. Denn nach Basel nimmt Contargo uns noch in Ludwigshafen, Koblenz und Emmerich auf und verköstigt uns. Dort erfährt unser rund 20-köpfiges Team außerdem interessante Details über die Bedeutung des Rheins für die Logistik. In Rotterdam verpflegt Contargo Zwijndrecht unsere Crew am Abend vor der Schlussetappe auf dem Wilhelminapier mit holländischen Leckereien. Auf der Strecke zwischen Basel und Rotterdam informiert das Unternehmen zudem seine Binnenschiffer regelmäßig über meinen aktuellen Standort. Damit diese wissen, dass sie sich den Rhein mit einem »schwimmenden Professor« teilen und entsprechende Vorsicht walten lassen. Und uns natürlich anfeuern!

Nachdem am vorherigen Abend bereits das Motorboot mit einem Containerkran zu Wasser gelassen worden ist, bin heute also ich selbst an der Reihe. Im Kanu bzw. an der Kante des Holzbodens eines nach allen Seiten offenen Containers sitzend, schwebe ich mit Daniel und Leo über den harten Asphalt und die Eisenbahnschienen. Wir werden 15 Meter tiefer auf dem Wasser sachte abgesetzt. Ein flacher Kopfsprung vom Containerboden ins ruhige Hafenbecken, das einem rie-

Anstelle eines Frachtcontainers: Unser Begleitboot
wird in Basel in den Rhein gesetzt

sigen rechteckigen Pool gleicht, und es geht los mit den ersten, ein
wenig in den Schultergelenken stechenden Armzügen auf die bisher
längste Etappe: Fast 60 Kilometer sind es bis zum heutigen Ziel in
Breisach. Das Motorboot fährt voraus, senkrecht auf die Rheinschiff-
fahrtsstraße zu, die von hier noch nicht zu sehen ist. Zunächst müssen wir eine enge Durchfahrt passieren. Das »Nadelöhr« ist so eng,
dass wir erst einmal warten müssen, um die in den Hafen einfahren-
den Schiffe mit gehörigem Abstand passieren zu lassen. Dann fährt
ein Boot der Schweizer Wasserschutzpolizei auf uns zu und fordert
Bernhard mit dem Megafon auf, unverzüglich zu stoppen. Im In-
dustriehafen – so die Ansage – hätten weder ein Sportboot noch ein
Kanu und schon gar kein Schwimmer etwas verloren. Während ich
im Wasser anfange zu frieren, erklärt Bernhard den Polizisten die Situation. Sie lassen mich weiterschwimmen und wünschen uns auch
ohne Genehmigung viel Glück.

Nach etwa einem Kilometer passiere ich das Dreiländereck. Es ist viel los auf dem Rhein. Die Konzentration auf den starken Schiffsverkehr lenkt mich dermaßen ab, dass ich überrascht bin, so schnell Rheinkilometer 173 erreicht zu haben. Knapp einen Kilometer weiter stromab teilt sich die Wasserstraße in den ursprünglichen Rhein und den künstlich angelegten Grand Canal d'Alsace. Ich habe mich aus mehreren Gründen entschlossen, den Weg von Basel nach Breisach im nahezu parallel zum Fluss verlaufenden Kanal zurückzulegen. Eine Wahl hätte ich ohnehin nicht gehabt, da über den Hauptrhein selbst ein Schwimmverbot aufgrund von Hochwasser verhängt worden ist. Die Schwimmgenehmigung für den Kanal, der durch Frankreich verläuft, ist hingegen gerade noch rechtzeitig gekommen. Der Rheinseitenkanal ist auch der etwas schnellere Weg; Klaus Pechstein hat ihn 1969 ebenfalls gewählt. Für den Kanal spricht auch, dass unser Begleitboot den Altrhein nicht befahren darf. Während der Altrhein als Plus für sich verbuchen kann, dass er frei von zeitraubenden Schleusen ist, gibt es im Seitenkanal bis Breisach immerhin vier dieser Schwimmhindernisse mit teilweise langen Standzeiten.

Die Strecke bis zur ersten Schleuse, etwa fünf Kilometer, ist zäh. Es setzt Regen ein, der erste seit Ilanz. Der Regen stört beim Schwimmen überhaupt nicht. Im Gegenteil: Die tanzenden Tropfen um mich herum machen mir gute Laune. Tausende Tropfen, deren Einschläge mit einer aus dem Wasser explodierenden aufsteigenden Wassersäule beantwortet werden. Jede Säule dieses plötzlich erscheinenden »Nadelkissens« sieht anders aus. Der Regen hat alles um mich herum in einen grauen Schleier gepackt. Das Motorboot ist nicht zu sehen. Daniel und Leo im Kanu erkenne ich nur schemenhaft. Ein gespenstischer Anblick. Der extrem starke Regenschauer lässt jedoch genauso schnell nach, wie er begonnen hat. Ich konnte sie nicht alle zählen, aber es begegnen uns 10 bis 15 Frachtschiffe, deren Wellengang mich jedes Mal aus dem Rhythmus bringt. Im Kanu aber haben sie mit dem Geschaukel deutlich mehr zu kämpfen.

Die vier Schleusen bis Breisach, vor allem die erste in Kembs, kosten nicht nur Zeit, sie sind in dem eintönigen Kanal auch eine willkommene Abwechslung. Beim Heranfahren an die Schleusen Ottmarsheim, Fessenheim und Breisach hören wir über die Lautsprecheransage der Schleusenwärter, dass das Kanu aufschließen soll und mit flussabwärts schleusen darf. Ich nutze die Schleusenzeit, um mich an Bord des Begleitboots auszuruhen, etwas zu essen und mich mit heißem Tee warm zu halten. Nach dem Sitzen kostet es jedes Mal Überwindung, vom Boot wieder ins Kanalwasser zu springen. Von Kembs bis zur Schleuse Ottmarsheim sind es lange, abwechslungsarme 14 Kilometer auf der schnurgeraden »Wasser-Autobahn«.

Die auf den ersten Blick sehr langweilige Kanalstrecke entpuppt sich allerdings als wahre Spielwiese für mich. Endlich gibt es regelmäßige Kilometermarkierungen in riesigen Zahlen auf Betontafeln oder Metallschildern. Selbst die einstelligen 100-Meter-Markierungen zwischen der Kilometeranzeige sind, ohne meine Armzüge unterbrechen zu müssen, bei jeder zweiten Atmung rechtsrheinisch sehr gut zu erkennen. Die Fünf ist ausgelassen, stattdessen markiert ein Kreuz die Mitte zwischen zwei Kilometerangaben. Somit können wir sowohl die Fließ- und Schwimmgeschwindigkeit als auch die benötigte Zeit für jeden Kilometer messen. So wird jeder Kilometer zu einer sportlichen Herausforderung. 4 Minuten und 17 Sekunden für 1000 Meter war die schnellste Zeit, die wir gemessen haben. Das sind 14 Stundenkilometer oder etwas mehr als 4 Minuten für einen Kilometer – vergleichbar mit einem höheren Lauftempo. Im Pool schaffe ich die 1000 Meter in gerade einmal 12 bis 13 Minuten.

Nach den Sprints streue ich immer mal wieder einen ruhigen Tausender ein. So vergeht die Zeit dann doch wie im Flug, und ich »fresse« Kilometer um Kilometer bis zur zweiten Schleuse. Nach einem schnellen Schleusendurchgang von nur zwanzig Minuten geht es auf ein noch längeres durchgehendes Teilstück von 16 Kilometern bis zur Schleuse in Fessenheim, direkt neben dem ältesten französischen Kernkraftwerk in Wyhl. Zwischen den Schleusen 2 und 3 gibt es eine unerwartete Überraschung: Bunte, sich bewegende Menschen sind

Schnelle Kilometer: Im Grand Canal d'Alsace ist
Andreas Fath im Sprinttempo unterwegs

am rechten Ufer zu erkennen. Als ich näher komme, erkenne ich
Tim, Nicola und Hubert. Sie kommunizieren scheinbar mit Helga
und Bernhard auf dem Sportboot, das mir vorausgefahren ist. Ich versuche, so weit wie möglich am Ufer zu schwimmen und dabei den
Kontakt mit den Wackersteinen unter Wasser in Ufernähe zu vermeiden. Hubert, unser Fotograf, will eine Kanne Kaffee an die Kanu-
fahrer übergeben, damit die den Kaffee der Motorbootbesatzung
übergeben können. Doch auf dem glitschigen Untergrund der Ufer-
befestigung gerät er ins Rutschen und bezahlt seine Hilfsbereitschaft
mit einem Sturz ins Wasser und dem Verlust seines Smartphones. Nur
dank vieler zupackender Arme gelangt er überhaupt wieder an Land.
Glück im Unglück ist, dass er seine Kamera am Ufer gelassen hat.

Danach ist erst einmal wieder kontemplatives Schwimmen an-
gesagt. Erst die auf einem einsamen Schild geschriebene Kilometeranzeige 222 auf deutscher Seite erregt wieder meine Aufmerksamkeit.
Die Glückszahl meiner Frau: Hier muss ich natürlich für ein Foto aus
dem Wasser. Jetzt erfahre ich selbst, wie glatt der Untergrund wirklich ist. Es ist schier unmöglich, ohne Hilfe an Land zu kommen. Ich
schiebe mich wie eine Robbe Zentimeter um Zentimeter nach vorne,
bis ich trockenen Untergrund erreiche, erst dort schaffe ich es, mich
aufzurichten. Das Foto ist schnell gemacht, und ich lasse mich wieder in der gleichen Weise rücklinks auf dem Bauch liegend ins Wasser

gleiten. Ein Sprung wäre zu gefährlich. Wenn ein Kind oder auch ein Erwachsener hier am Seitenkanalufer ins Wasser abrutschen würden, könnten sie über viele Kilometer nicht mehr ans Ufer klettern. Dies ist durchaus vergleichbar mit der Situation, wenn man auf hoher See vom Segelboot ins Wasser springt, aber zuvor die Bordleiter nicht ausgeklappt hat.

Mit diesen Gedankenspielen vergehen die drei Kilometer bis zur Schleuse in Breisach. Schulterschmerzen, die mich beim Start geplagt hatten, fühle ich schon einige Zeit nicht mehr. Der stechende Schmerz von heute Morgen ist entweder taub geworden, oder er wird verdeckt von den Schmerzen in den Ellbogen, die seit über acht Stunden lang permanent Druck gegen ihre anatomisch vorgegebene Beugerichtung aushalten müssen.

Nach der Pause in der Schleuse sind es noch anderthalb Kilometer bis zum Tagesziel. Um eine lang gezogene Halbinselspitze herum, hinter der sich das Altrheinwasser mit dem Seitenkanalwasser trifft, entdecke ich am Ufer Familie, Freunde, Birgit Rimpo-Repp, die Kanzlerin unserer Hochschule, und eine Großzahl von Fans des Projekts »Rheines Wasser«. Nach einem fröhlichen Abend in einer Pizzeria liege ich erst um 0:15 Uhr im Bett und genieße noch eine entspannende Nackenbehandlung. Deren Ende bekomme ich schon nicht mehr mit. Gute Nacht!

FREITAG 08.08.2014
BREISACH–KEHL (69 KM)
HEIMSPIEL IN DER ORTENAU

Schon die Streckenlänge flößt mir auch ohne Schmerzen an diesem Morgen mit strahlendem Sonnenschein Respekt ein. Mit fast 70 Kilometern steht mir heute die zweitlängste Etappe unserer »Tour de Rhine« bevor – und das über weite Strecken im langweiligen Kanal. Um genau 9:38 Uhr starte ich. Von Schleuse zu Schleuse sind es heute ähnlich wie gestern vier Teilabschnitte, jeweils zwischen 13 und 16 Kilometer lang. Bis zur Schleuse Marckolsheim und Rhinau ist die Euphorie angesichts der Vorstellung, heute Abend in heimatliche Gefilde zu kommen und mich dann am morgigen Pausentag zu Hause endlich wirklich einmal ausruhen zu können, noch groß. Sie treibt mich voran. Mit Intervalltrainings halte ich mich auf den langen und wieder zähen Teilstücken bei Laune. Hier sorgt nur das Tempospiel für Abwechslung. Mit wenig Strömung komme ich auf 7 Minuten für die 1000 Meter.

Die Pausen während des Schleusens genieße ich, zumal auch die Versorgung immer besser wird. Nach der Rhinauer Schleuse springe ich in kaltes, frisches Wasser, ein untrügliches Zeichen für eine schnellere Strömung als vor dem Flussstau. Die Strömungsgeschwindigkeit liegt bei etwa sechs Stundenkilometern, da ich für einen zügigen Kilometer 5 Minuten und 45 Sekunden benötige. Das entspricht einer absoluten Geschwindigkeit von 10,5 Stundenkilometern – nicht ganz so rasant also wie gestern. Von den Vergnügungen im Europa-Park, an dem ich vorbeischwimme, kann ich im Moment nur träumen.

Die letzten Kilometer vor der vorletzten Schleuse in Gerstheim kommen mir unendlich lange vor. Auf der kerzengeraden Strecke schwimme ich parallel zu einer Straße, aber nur selten sehe ich dort ein Fahrzeug. Das Ufer ist gesäumt von den immer gleichen Wackersteinen, dazwischen Müll aller Art, hauptsächlich Plastik. Das Wasser steht, ist warm und riecht übel. Bei Kilometer 272 fülle ich im Wasser eine Probeflasche ab und werfe sie zurück aufs Boot. Nach Gerstheim ist es nur noch ein langes Teilstück bis zur Straßburger Schleuse, dann ist es fast geschafft. Ich habe mich der eintönigen Strecke ergeben und auf »Autopilot« umgestellt.

Jetzt noch zwei Schleifen, und die Schleuse Straßburg ist zu sehen. Danach sind es nur noch rund fünf kurzweilige Kilometer bis zum Etappenziel in der Ortenau, meiner Heimat seit mehr als zehn Jahren. Die drei Kehler Brücken kurz hintereinander sind schon von weitem zu sehen. Rechts hinter dem Kehler Freibad sehe ich schon die flatternden Fahnen, die die Ausstiegsstelle markieren. Viele Menschen begleiten mich das letzte Stück im Laufschritt auf der Promenadenwiese bis zur Ausstiegsstelle. In der Menschenmenge erkenne ich als Erstes meinen Vater. Die Erschöpfung weicht der puren Freude über so viele Menschen, die mir an diesem sonnigen Abend einen unvergesslichen Empfang bereiten. Nach unzähligen Umarmungen in der bisher größten Zuschauermenge auf unserer Reise setzt mich jemand auf einen Campingstuhl hinter einem Klapptisch und drückt mir einen warmen Tee in die Hand. Doch erst einmal müssen Autogramme geschrieben werden – für mich eine ganz neue Erfahrung. Ein echtes Heimspiel eben.

Anschließend bleibe ich noch lange entspannt in der untergehenden Sonne sitzen, in der Gewissheit, heute Abend nach Hause zu kommen, gleich zwei Nächte im eigenen Bett zu schlafen und einen echten Ruhetag vor mir zu haben. Den haben wir uns wirklich alle verdient! Einen Tag Stillstand, die Gelegenheit, Kleider zu trocknen und inzwischen als unnötig erkannte Dinge aus dem Expeditionsgepäck auszumisten. Die Dreiviertelstunde Fahrt von Kehl in meine Wahlheimatstadt Haslach durch das Kinzigtal nehme ich dafür liebend gerne in Kauf.

SAMSTAG 09.08.2014
HASLACH (RUHETAG)
HOME, SWEET HOME

Ein Tag ohne Wasser, besser gesagt: ein Tag ohne Rhein. Denn ganz ohne Wasser kommen wir nicht aus. Zeit, um die Wunden zu pflegen. Nach dem Ausschlafen und einem ausgiebigen Frühstück, meine Hosen sind mir in den knapp zwei Wochen seit dem Start zu weit geworden, mache ich mit meiner Frau einen Besuch auf dem Haslacher Wochenmarkt. Heute kann ich endlich dem Duft der roten Bratwürste nachgeben und mir ein zweites Frühstück erlauben.

Am Abend packe ich noch zwei Taschen: eine mit frischen Kleidern und meine Sporttasche mit allen Schwimm- und Körperschutzutensilien, die ich direkt beim Einstieg und beim Ausstieg auf jeder Etappe brauche. Noch kann ich mir nicht vorstellen, in weniger als zwölf Stunden schon wieder in den Rhein zu springen und dort für die anschließenden zwei Wochen wieder jeden Tag vom Morgen bis zum Abend zu verbringen. Körper und Geist genießen die Erholung und wollen mehr davon. Die Anziehungskraft der Aufgabe, wie geplant am 24. August in Hoek van Holland das Ziel zu erreichen, ist stärker.

SONNTAG 10.08.2014
KEHL–IFFEZHEIM (43 KM)
GESTOPPT VOM HOCHWASSER

Wir starten um 9:30 Uhr. Bis zur Gambsheimer Schleuse sind es nur 13 Kilometer. Die Strecke zieht sich dennoch. Lang gezogene Kurven an der Bundesstraße entlang, kaum Strömung und alles, ohne ein Teilziel vor Augen zu haben. Anfangs begleiten mich zumindest noch Fahrradfahrer am rechten Rheinufer, dann geht es nur mühsam voran, gegen Ende im Staubecken zwischen zwei Schleusen. Während des zweiten Frühstücks auf dem Boot im Schleusengang kann ich mir für das nächste, mit 26 Kilometern doppelt so lange Stück nur dadurch Mut machen, dass die nächste Schleuse in Iffezheim die letzte auf unserem Rhein-Marathon sein wird, danach geht es im »freien Fall« abwärts Richtung Holland.

Bevor ich mir weitere Gedanken machen kann, bin ich schon wieder im Wasser und kraule drauflos. Nach »Tristesse Royale« auf den ersten fünf Kilometern tauchen plötzlich immer mehr Boote und Jetskis um mich herum auf. Auf drei Schlauchbooten, die mit je acht Leuten Besatzung überladen wirken, sind an zwei aufgestellten Holzmasten Banner gespannt, auf denen zu lesen ist: »Tauchclub Muräne grüßt den Rheinschwimmer Andreas Fath«. Ab jetzt soll auf den nächsten 20 Kilometern bis Iffezheim keine Langeweile mehr aufkommen. Die Truppe macht mit Musik, Gesang und Anfeuerungsrufen dermaßen Partystimmung, dass es ansteckend ist. Auf den letzten drei Kilometern bis zur Schleuse springt Joachim Prinzbach, der stellvertretende Bürgermeister von Haslach, zu mir ins Wasser, und wir erreichen gemeinsam den Schleusenausstieg, wo wir der versammelten Presse in die Arme fallen.

Leider erwarten uns auch schlechte Nachrichten: Die Strecke von Iffezheim bis zur Pegelmessstelle in Karlsruhe/Maxau ist wegen Hochwassers nicht freigegeben. Wegen lächerlicher drei Zentimeter, die der Pegel über der Grenzmarke von 620 Zentimetern liegt, muss ich hier das Schwimmen für heute abbrechen. Uns bleibt nur die Hoffnung, dass sich der Trend der letzten Tage mit einem allmählich sinkenden Pegel über Nacht weiter fortsetzt und die kritische Marke unterschreitet, sodass am nächsten Morgen das Schwimmverbot aufgehoben wird.

Wir machen das Beste daraus und genießen das rauschende Fest, das der Tauchclub »Muräne« unserer Expedition zu Ehren veranstaltet. Was sollen wir auch machen: Den Wasserstand können wir in keiner Weise beeinflussen. Vor Mitternacht schlafe ich ein. Etwas später weckt mich Harry vom Tauchclub, nur um mir eine Zahl zuzuflüstern: »621.« Die Tendenz ist also weiterhin fallend, obwohl es in der Ostschweiz schon wieder begonnen hat zu regnen. Aber es dauert, bis sich das Regenwasser in den Tälern sammelt und bis nach Maxau geflossen ist, wo der Pegelstand gemessen wird. Jetzt fehlt also nur noch ein winziger Zentimeter, damit wir morgen unsere Reise rheinabwärts fortsetzen können!

Neben mir schläft Nicola und im anderen Raum des Ferienhauses auf Luftmatratzen unsere Söhne Leo und Enzo sowie Felix, der ab morgen seinen Vater Franz im Kajak begleiten wird. Unser Jüngster Enzo ist seit heute wieder bei uns. Für ihn und seinen Bruder Leo ist diese Reise, die sie – bis auf kurze Unterbrechungen – von Anfang bis Ende miterleben werden, Landeskunde pur. Vielleicht werden sie sogar ihren Enkeln von unseren Abenteuern und Erlebnissen im und am Rhein erzählen. Ich hoffe, dass die Wasserqualität sich bis dahin weiter verbessert haben wird.

MONTAG 11.08.2014
IFFEZHEIM–MANNHEIM (88 KM)
BESUCH IN DER GEBURTSSTADT

Ich weiß nicht, ob Harry überhaupt geschlafen oder permanent den Pegelstand beobachtet hat. Um 4:30 Uhr jedenfalls lag der Rhein-pegel nach seinen Angaben bei 620 Zentimeter. Nun, zweieinhalb Stunden später, kann er seine Begeisterung nicht mehr zurückhalten und verkündet fast schreiend: »617!« Damit verwandelt sich die mor-gendliche Lethargie abrupt in heitere Betriebsamkeit. Allen ist klar, was das bedeutet. Ein Weiterschwimmen ist möglich. Aber wie lange noch? Es sind schon wieder Wassermassen aus der Schweiz unterwegs den Rhein hinunter. Dennoch überwiegen die Freude und die Er-leichterung in diesem Moment unsere Sorge.

In der Freude über die gute Nachricht geht fast unter, was heute vor mir liegt: Zunächst muss ich die fehlenden 24 Kilometer vom Vortag nachholen und dann die eigentliche 13. Etappe von Karlsruhe bis Mannheim, die mit 64 Kilometern alles andere als eine Kleinigkeit ist, noch hinten dranhängen. 88 Kilometer Schwimmen stehen mir also bevor. Ich versuche mich damit zu beruhigen, dass es ja Sommer ist und damit lange genug hell bleiben wird.

Schon lange stehe ich hier an der Rheinbrücke Wintersdorf, einer Stahlfachwerks- und ehemaligen Eisenbahnbrücke, die heute für den Straßenverkehr zugelassen ist, und warte darauf, dass sich unser Mo-torboot die 20 Kilometer vom Liegeplatz der Nacht in Karlsruhe stromaufwärts bis zum Rheinkilometer 336 quält, wo uns gestern das Hochwasser gestoppt hat. Wenn es nur jetzt endlich losginge. Es ist

9:10 Uhr, als wir den Bug des Bootes um die Landzunge biegen sehen. Jetzt gibt es kein Halten mehr, und schon bin ich im Wasser. Kurze Zeit schwimme ich zwischen unserem Motorboot und dem dreimal so langen der Wasserschutzpolizei, das sich längsseits zu uns gesellt hat. Ich schwimme unaufhaltsam weiter, um so schnell wie möglich die Strecke bis Neuenburg hinter mich zu bringen. Daniel sichert im Kanu zur Uferseite ab, damit ich nicht in den immer noch überschwemmten Buhnen hängen bleibe. Die Strömung ist stark, und Daniel kann das Kanu gut alleine steuern. Ich bin hoch motiviert und nach einer Stunde und 35 Minuten am Zollhaus.

Dieses Mal gehe ich nicht an Land, schwimme aber so nah wie möglich an der vertrauten Menschenmenge vorbei, um ihr Winken zu erwidern und mich gleich darauf wieder, nicht ohne eine gewaltige Wasserfontäne, zu verabschieden. Kurz darauf komme ich am Rappenwörther Strandbad vorbei, in dem ich diesen Sommer schon mit der ganzen Familie gewesen bin. Damals schaute ich mir den Rhein von der Uferpromenade des Freibades ganz genau an. Die Buhnen, die den Uferabtrag reduzieren, standen im Frühsommer über einen halben Meter aus dem Wasser. Jetzt, ein paar Wochen später, bin ich gewissermaßen in einem natürlichen Wellenbad, und von den Buhnen ist nichts mehr zu sehen. Daher halte ich mich so weit wie möglich vom Ufer fern, ohne dabei die Schifffahrt in der Fahrrinne zu behindern.

Ich spüre die Kraft des Flusses an mir. Auch akustisch nehme ich sie wahr. Ich höre laut und deutlich, wie der Rhein Unmengen von Kies in seinem Bett befördert. Ab und zu schafft er es, schwerere Steinbrocken zu bewegen, dann mischt sich ein tiefer polternder Ton in das Grundrauschen, manchmal auch das noch tiefere, laute und gleich bleibende Geräusch einer Schiffsschraube. Das Wissen darüber, dass sich der Schall im Wasser schneller und mit weniger Dämpfung ausbreitet als über die Luft, beruhigt mich nicht. Mehrfach halte ich auf der stark befahrenen Strecke abrupt an, strecke den Kopf über die Wellen und schaue panisch nach allen Seiten, aus Angst, in eine Schiffsschraube zu geraten, die ich unmittelbar neben mir vermute.

Den aktuellen Pegelstand in Maxau kann ich aufgrund der Entfernung und der Geschwindigkeit nicht genau ablesen, aber als ich am Mittag in Speyer ankomme, erfahre ich, dass der Rhein bei Maxau mittlerweile wieder auf einen Pegelstand von 650 Zentimetern geklettert ist. Es ist kaum in Worte zu fassen, welches Glück wir mit unserem Timing hatten. Falls diesen Sommer noch jemand die Strecke von Iffezheim bis Maxau schwimmen will, muss er lange warten.

An Karlsruhe, Germersheim und dem Kernkraftwerk Philippsburg, dessen beide Kühltürme so nahe am Wasser bedrohlich wirken, bin ich gefühlt schnell vorbei. Es ist viel los auf dem Oberrhein, sowohl im Wasser als auch an Land. Keine Schleusen bremsen mich und den Rhein, aber es wird zeitweise sehr ungemütlich. Wassermassen, die von unten nach oben strömen und kurz darauf wieder nach unten ziehen, sogenanntes Presswasser, sowie Strudel und seitliche Wellen, verursacht von den tonnenschweren Frachtschiffen, zehren an Kräften und Nerven. Am schlimmsten ist es, wenn sich Wellen von sich entgegenkommenden Frachtern überlagern und mich im Fluss wie einen Korken auf und ab tanzen lassen. Das macht auf die Dauer seekrank. Nur gut, dass es von Rheinhausen aus bis nach Speyer nicht mehr weit ist: nur noch eine sieben Kilometer lange Linksschleife.

Speyer ist eigentlich kein Etappenziel, aber es steht außer Frage, dass ich in meiner Geburtsstadt, in der ich bis zu meinem 24. Lebensjahr gelebt habe, einen Landgang einlegen werde. Natürlich bin ich aufgeregt und gespannt darauf, wen ich dort bei Rheinkilometer 400 alles antreffen werde. Die Schleife zieht sich hin, es müsste doch schon längst der Dom zu sehen sein. Zunächst entdecke ich aber geradeaus vor mir die »neue« Rheinbrücke, gut erkennbar an den roten Stahltrageseilen ihrer Aufhängung. Dadurch, dass der Rhein nach der Linkskurve, in der ich gerade unterwegs bin, direkt in eine Rechtskurve mündet, kommen zuerst Objekte, die weiter entfernt liegen, ins Blickfeld. Erinnerungen werden wach an die sechs Jahre lange Zeit des Pendelns zwischen Speyer und Heidelberg: erst zum

Schwimmtraining beim Bundesligaverein Nikar Heidelberg und später an meine Universität, die Ruperto Carola.

Dann endlich mache ich in der Ferne den Kaiserdom aus. Zuerst ist nur eine Ecke des mir gut vertrauten Kirchenbaus zu sehen, doch mit jedem meiner Schwimmzüge schiebt er sich weiter über den Fluss in mein Blickfeld. Ein paar kräftige Züge noch, und der Dom zu Speyer steht mitten über dem Strom. Ein phantastischer Blick auf das Bauwerk, in dem zur Zeit seiner Fertigstellung die ganze Stadt- und Landbevölkerung der Umgebung Platz fand. Noch kann ich das Ausstiegsziel nicht erkennen, erinnere mich aber, dass der Zugang zum Rhein an Speyers Flaniermeile im Sommer schwer ist. Das Ufer ist mit schwarzen Wackersteinen befestigt, zwischen denen man sich die Beine brechen kann. Außerdem führen mehrere Stege zu den anliegenden Kreuzfahrtschiffen. Zwischen diesen an Land zu kommen, stelle ich mir schwierig vor. Ich gebe mich der Hoffnung hin, dass man für einen sicheren Ausstieg gesorgt hat, schließlich bin ich angemeldet.

Eine weitere Schwierigkeit kommt hinzu. Speyer liegt linksrheinisch, ich aber schwimme – so ist es aus Sicherheitsgründen vorgeschrieben – am rechten Rand, auf der durch rote Bojen markierten Schifffahrtslinie. Ich muss also den richtigen Zeitpunkt erwischen, um die Fahrlinie zu kreuzen. Am besten noch vor der alten Rheinbrücke, die ich schon vor mir sehen kann. Irgendwo dahinter, verdeckt von drei hintereinander am Ufer liegenden Kreuzfahrtschiffen, muss der Ausstieg sein. Das Kreuzen klappt, jetzt treibe ich nahe an den Metallrümpfen der langen Ausflugsdampfer vorbei, ohne das Ufer zu sehen. Wenn ich direkt am Ende des letzten Schiffes ans Ufer muss, heißt das, explosiv eine Seitfähre nach links gegen die Strömung zu schwimmen. In Bauchlage, den Kopf schon gegen die Strömung gerichtet, bereite ich mich, so nahe wie möglich am Schiffsrumpf vorbeitreibend, darauf vor. Als der Blick auf das Ufer frei wird, sehe ich meinen Vater, der mir Handzeichen gibt. An einer Zementtreppe auf der Höhe der »Welle«, einer Bronzeskulptur von G. G. Zeuner, jenes

Empfang in der Geburtsstadt: Bürgermeisterin
Monika Kabs heißt Andreas Fath in Speyer willkommen

Bildhauers, der auch die Bronzefährmänner im Domgarten gefertigt
hat, reicht er mir die Hand und hilft mir, unter dem Beifall der versammelten Zuschauer, über die rutschigen unteren Stufen aus dem
Wasser.

Am Ufer wartet ein großes Begrüßungskomitee, angeführt von
der Speyrer Bürgermeisterin Monika Kabs, die mir einen Bildband
von der über 2000 Jahre alten Römerstadt als Willkommensgeschenk
überreicht. Als Brezelbub in Speyer groß geworden, wird mir auch
ein großer Korb des lokalen Gebäcks überreicht. Die Brezeln lasse
ich mir gleich schmecken. Noch besser mundet mir – im übertrage-
nen Sinne – aber das, was mir Hans-Peter Deigner, der Leiter meiner
Fakultät an der Hochschule Furtwangen und damit mein Chef, zu-
steckt. Was er mir ins Ohr flüstert, ist in der Tat höchst erfreulich.
Denn er steht kurz vor dem Vertragsabschluss zum Kauf eines hoch-
auflösenden Triple-Quad-Massenspektrometers: eines sehr teuren

und enorm leistungsfähigen Analysegerätes, mit dem man kleinste Spuren von organischen Stoffen in Gewässern nachweisen kann. Der Gerätehersteller möchte unser Projekt »Rheines Wasser« unterstützen und kommt uns im Preis sehr weit entgegen. Am Restbetrag, so führt Hans-Peter aus, beteiligt sich das Rektorat der Hochschule als Dankeschön für die landesweite Werbung, die wir mit »Rheines Wasser« für die HFU machen. Zusammen mit dem Infrarotmikroskop für die Untersuchung von Mikroplastikteilchen, für welches wir lediglich die Hälfte des Einkaufspreises aufwenden müssen, habe ich eines meiner Ziele jetzt schon erreicht: Die Geräte, für deren Anschaffung keine Fördermittel bewilligt worden waren, würden bald schon an der Hochschule stehen und unsere Forschungen auf dem Feld der Abwasserreinigung auf ein neues Niveau heben. Denn mit unserem Ansatz, Schadstoffe im Wasser auf elektrochemischem Weg abzubauen, stehen wir erst am Anfang. Viel ist möglich. Mit den zwei Analysegeräten »in der Tasche« könnte ich hier in Speyer den Schwimm-Marathon eigentlich abbrechen …

Der Dekan meiner Fakultät ist aber nicht nur gekommen, um mir diese frohe Botschaft mitzuteilen, sondern auch, um Wasserproben und Filter, belegt mit Mikroorganismen, gleich wieder mit zurück an die Hochschule zu nehmen, wo sie kühl eingelagert und später bearbeitet werden. Damit ist aber auch gleich klar, dass an Abbruch gar nicht zu denken ist. Schließlich ist unsere Mission noch längst nicht erfüllt. Wir wollen den Rhein auf seiner gesamten Länge beproben und für den Gewässerschutz werben. Gerade Letzteres wird jedoch nur funktionieren, wenn ich weiterschwimme, wie mir die zahlreichen TV- und Hörfunk-Teams beim Zwischenstopp in Speyer erneut zeigen. Und dann ist da ja auch noch der Ehrgeiz des Sportlers, in jedem Fall das gesetzte Ziel erreichen zu wollen. Keine Frage also – es geht weiter!

In Speyer hatte ich erst gut die Hälfte der Tagesstrecke zurückgelegt. Um 17 Uhr springe ich daher von der gleichen Treppenstufe in den Rhein zurück, an der ich ausgestiegen bin. Erneut muss ich erst

Rhein-Vermessung über 1231 Kilometer: Helga Weinschrott
übergibt Wasserproben an Dekan Hans-Peter Deigner

die Fahrrinne kreuzen, um rechtsrheinisch weiter nach Mannheim
zu schwimmen. Ich habe noch nie eine Autobahn zu Fuß überqueren müssen, aber das stelle ich mir so ähnlich vor. Vor dem Sprung
habe ich mich nach beiden Seiten versichert, dass weder stromauf-
noch stromabwärts ein Schiff unterwegs ist. Erst weit hinter der alten
Rheinbrücke, stromaufwärts blickend, kann ich vage einen Frachter
erkennen. In zügigem Tempo schwimme ich los. Bis zur Flussmitte
bin ich sicher eine gute Minute unterwegs. Als ich nach rechts atme,
kann ich es nicht glauben: Der Frachter ist schon unter der Brücke
und kommt direkt auf mich zu. Auch Bernhard, der mich im Motorboot begleitet, hat die Geschwindigkeit unterschätzt. Der riesige
schwarze Bug schiebt sich unaufhaltsam, das Wasser in zwei Wellenberge spaltend, heran. Ich habe keine Zeit mehr, in irgendeiner Form
Kontakt zu Bernhard aufzunehmen. Mit Vollgas und völlig außer
Atem komme ich gerade noch rechtzeitig aus dem Gefahrenbereich
und sehe hyperventilierend, wie sich die lange graue Stahlwand an
mir vorbeischiebt. Okay, diese Lektion habe ich gelernt.

Ab jetzt geht es in ruhigerem Tempo, bei dem ich Laktat abbauen kann, weiter, und nach kurzer Zeit bin ich auch schon unter der Autobahnhängebrücke der A 61, über die ich jahrelang von Speyer nach Heidelberg pendelte. Ich befinde mich immer noch in bekanntem Gewässer, denn gleich darauf folgt die Einmündung des Altrheinarmes zum »Wasserplatz«. Der »Wasserplatz« war zu der Zeit, als ich meinen Militärdienst bei den Fluss-Pionieren ableistete, die Bezeichnung einer Einrichtung, in der Amphibienfahrzeuge auf angelegten Rampen ins Wasser übersetzten. Die Erinnerung daran, auf dem Dach eines mehrere Tonnen schweren Amphibienfahrzeugs in der Größe eines LKWs mit hoher Geschwindigkeit ins Wasser zu schießen, ist noch lebendig.

Bis zur Fähre in Altrip schwelge ich in Erinnerungen an die Radtouren meiner Jugend entlang des Flusses. Der Rest der Strecke ist sehr kurzweilig, auch mit den seit heute Morgen zurückgelegten 80 Schwimmkilometern in den Knochen. Das Großkraftwerk Mannheim mit gewaltigen Ausmaßen kündigt die Metropole schon früh an. Das Steinkohlekraftwerk ist von der Wasseroberfläche aus betrachtet noch respekteinflößender als an Land.

Vom Mannheimer Strandbad aus winken mir die Menschen zu. Das Strandbad, auf dessen Terrasse ich selber noch einige Wochen zuvor gesessen habe, hat seinen Namen zu Unrecht, denn Baden ist hier nicht erlaubt. Das Verbot stammt noch aus den achtziger Jahren, als Baden im Rhein stark gesundheitsgefährdend war. Mittlerweile ist ein Streit zwischen der Stadtverwaltung und den Standbadfreunden entbrannt, die um die Aufhebung des Badeverbots kämpfen. Als Rheinschwimmer hat man mich hierzu auch um eine Stellungnahme gebeten: Gesundheitliche Risiken mit Blick auf die Verunreinigung mit Bakterien gibt es immer; das gilt aber auch, wenn man sein Kind in den Kindergarten bringt. Alle anderen Risiken, die mit der Schifffahrt und der Strömung zusammenhängen, sind in diesem Buch geschildert. Ob man in einem öffentlichen »Bad« eigenverantwortlich handeln darf, ist eine juristische Fragestellung, die ich nicht beantworten kann. Jedes Jahr ereignen sich im Rhein tödlich endende Unfälle. Dass man bei der Entscheidung, ein Badeverbot aufzuheben, sehr sensibel vorgehen muss, versteht sich von selbst. Allerdings ergibt ein Strandbad mit Badeverbot für mich auch keinen Sinn.

Nur noch eine Schleife, dann ist die knapp 90 Kilometer lange Schwimmstrecke geschafft. Bei Rheinkilometer 424 kurz vor der Konrad-Adenauer-Brücke, die Mannheim und Ludwigshafen verbindet, steige ich in einer kleinen Einbuchtung im Strömungsschatten unter dem Beifall der Menschenmenge auf der Rheinpromenade über eine Treppe an Land. In Mannheim führe ich ein Gespräch mit Umweltbürgermeisterin Felicitas Kubala, die mir stolz von Aktivkohlebehandlung in Mannheimer Kläranlagen berichtet. Das ist löblich und funktioniert auch. Aber Aktivkohle ist schnell verbraucht und wird danach nicht regeneriert, sondern verbrannt. Würde man alle Kläranlagen mit einer Aktivkohlebehandlung als vierter Reinigungsstufe ausstatten, würden wir die Wasserqualität zwar verbessern, aber auch unsere CO_2-Bilanz extrem verschlechtern. Wir müssen also weiterhin nach Alternativlösungen forschen. Und genau deshalb bin ich im Rhein unterwegs.

DIENSTAG 12.08.2014
MANNHEIM–NIERSTEIN (58 KM)
ENTZÜNDETER NACKEN UND KÜHLENDES EIS

Die Nacht ist ohne besondere Vorkommnisse verlaufen. Seit Rorschach vor der Bodensee-Etappe schlafe ich traumlos durch. Die Träume erlebe ich am Tage, in der Nacht erhole ich mich davon. Heute steht mir mit 74 Kilometern die planmäßig längste Schwimmetappe bevor – und das nach den 88 Kilometern von gestern! Daher sitze ich schon vor 8 Uhr am Frühstückstisch auf der Jugendherbergsterrasse mit Blick auf den Rhein. Ich bin ausgeschlafen und gut gelaunt.

Allerdings machen mich mehr und mehr Mitstreiter auf meine Wunde am Nacken aufmerksam, verursacht durch die Reibung des

Reißverschlusses meines Schwimmanzugs auf meiner Haut. Sie hat sich entzündet, ist stark angeschwollen und für alle gut sichtbar. Ich lasse mich überzeugen: Wir müssen vor dem Start im Mannheimer Uniklinikum vorbei. Alles hängt davon ab, welche Bakterien sich in meinem Nacken eingenistet haben, sagt der Arzt, der mich dort untersucht. Da gibt es scheinbar welche, mit denen der Körper nicht alleine fertig wird, schon gar nicht ohne Ruhe und antibiotische Behandlung. Schüttelfrost und Fieber können als Reaktion folgen, und dann würde es richtig gefährlich werden. Für die bakteriologische Untersuchung wird ein Abstrich gemacht. Das Ergebnis ist frühestens in einer Woche aus dem Labor zurück, dann weiß man mehr über die Art des Keimes. Na prima, und was mache ich in der Zwischenzeit?

Der Chefarzt gibt dann doch das »Go«. Ich soll nach einer Woche anrufen, dann würde man mir das Ergebnis des Abstrichs mitteilen. Um es vorwegzunehmen: Die Entzündung wird sich nicht weiter auswachsen, sodass ich nach Ablauf der Wochenfrist sogar vergesse, mich in Mannheim zu melden. Erst viel später wird das Ergebnis der Untersuchung in meinen Haslacher Briefkasten flattern: Staphylococcus aureus, der auch Blutvergiftung und Lungenentzündung hervorrufen kann. Nun gut. Die Wunde wird im Klinikum für alle Fälle bestens versorgt und abgedichtet, man wünscht unserem Unternehmen noch viel Glück. Mit diversen Salben, Cremes und Pflastern versorgt, starte ich gegen Mittag Richtung Mainz.

Beim Warten im Krankenhaus habe ich mir noch Gedanken über einen Textilschutz für die Haut an Hals und Nacken gemacht. Ich könnte mir eine Halskrause, herausgeschnitten aus meinem Ersatzneoprenanzug, überziehen. Da mein Wadenumfang etwa so groß wie mein Halsumfang ist, hätte ich ein Stück der Beinröhre verwenden können. Zum Glück haben wir eine andere Idee, denn den zweiten Neoporenanzug würde ich alsbald dringend benötigen.

Stattdessen besorgt Tim in meinem Auftrag in einem Taucherladen eine Neoprenkappe, die wir dann zurechtschneiden können. Für heute muss es erst einmal auch ohne gehen. Mein Nacken ist so stark mit Isolierband abgeklebt, dass kein Sonnenstrahl und kein Wasser eindringen können. Nachdem der SWR den ganzen Vormittag auf mich gewartet hat, begleitet mich das kleine Filmteam, inklusive Unterwasserkamera, die nächsten Kilometer. Erleichtert, von den Ärzten kein Schwimmverbot erhalten zu haben, komme ich gut voran. Die Strecke bietet landschaftlich Abwechslungsreiches: entlang einigen Weinanbaugebieten an den rheinhessischen Berghängen und dem im März 2011, in Reaktion auf die nukleare Katastrophe in Fukushima abgeschalteten Kernkraftwerk Biblis mit seinen zwei Blöcken.

Weniger schön sind die Manöver des mich begleitenden Motorbootes, dessen Aufgabe es eigentlich ist, mich zu schützen. Der Rhein ist heute reichlich aufgewühlt. Dass er eben kein Baggersee ist, auf dem man ein Boot ohne Probleme ruhig halten kann, bekommt heute vor allem unser »Kapitän« Bernhard zu spüren. Turbulenzen, Wellen entgegenkommender Schiffe, Strömungen von Zuflüssen etc., all das bringt so eine kleine »Nussschale« wie die unsere, die im Rhein erst spät auf Kurskorrekturen reagiert, in die Bredouille. Eine abrupte Schieflage des Bootes, während ich am Heck in greifbarer Nähe der Kamera und in unmittelbarer Nähe der Schiffsschraube schwimme, macht nicht nur den Schwimmer, sondern auch den Bootsführer nervös. In einigen Situationen kann ich mich gerade noch rechtzeitig vom Boot abstoßen, bevor das Heck ausbricht und sich über mich zu schieben beginnt.

Nach 58 Kilometern ist am späten Nachmittag im Städtchen Nierstein Schluss. Am linken Rheinufer unter den Weinreben steige ich an einer Bootsanlegestelle aus dem Wasser. Auf dem darüberliegenden Parkplatz haben sich schon wieder Menschen versammelt, um mich zu begrüßen. Auf der letzten Stufe, ich scheine erschöpft auszusehen, drückt mir ein Passant mitleidig seinen Eisbecher in die Hand. Dankend nehme ich das kühlende Geschenk an und stelle fest, dass das genau das Richtige ist. Genauso wie die Entspannungsmassage, die mir am Abend in Mainz am Rheinufer zuteilwird.

6. SAGENHAFT SCHÖN – IM MITTELRHEIN

MITTWOCH 13.08.2014
NIERSTEIN–ST. GOAR/LORELEY (72 KM)
DER RHEIN – EIN CHEMIECOCKTAIL

Um 11:45 Uhr verlasse ich Nierstein bei Rheinkilometer 482 Richtung Norden. Wieder geht es erst spät auf die Reise, denn unser Motorboot, das über Nacht in Mainz vor Anker lag, muss erst die 16 Kilometer zurück zur Ausstiegsstelle von gestern schippern – gegen den Strom. Hinzu kommt noch ein zeitraubender Tankaufenthalt. Mit an Bord ist Bobby Cherian vom ZDF, der eine Reportage für »Hallo Deutschland« dreht.

Während Helga auf dem Boot Bobby unsere Filterpumpe erklärt, mit der wir alle 100 Kilometer 1000 Liter Wasser filtern, um festzustellen, wie viel Mikroplastikteilchen wir darin finden, entgehe ich im Wasser nur knapp einer Kollision mit einer roten mannshohen Metallboje. Im letzten Moment sehe ich sie im Augenwinkel vor mir aufblitzen und kann meinen Kopf seitwärts wegziehen. Nach dieser Schrecksekunde denke ich an den Frontalzusammenstoß mit meinem Sohn Moritz beim Schwimmen, bei dem ich mir Ende Mai eine Platzwunde an der Augenbraue zugezogen habe, die mit fünf Stichen genäht werden musste, und das mitten in der Vorbereitungszeit. Mit wasserdichten Kompressen, Taucherbrille und Schnorchel versuchte ich damals, schon am zweiten Tag nach diesem Schwimmunfall wieder im Wasser zu trainieren, mehr schlecht als recht. Ich schluckte so viel Wasser, dass es wirklich keine Freude war, versuchte mir aber den Vorfall schönzureden: Die Wahrscheinlichkeit für zwei Platzwunden am Kopf binnen weniger Wochen muss extrem gering sein. Hat mich also die Statistik vor der Kollision mit der Boje bewahrt? Solche Gedanken macht man sich, wenn man lange Zeit alleine mit sich selbst verbringt.

Als ich bei Rheinkilometer 495 vorbeischwimme, denke ich an meinen »Kollegen im Dienste des Wassers«, Klaus Töpfer, den früheren Bundesumweltminister und langjährigen Exekutivdirektor des Umweltprogramms der Vereinten Nationen, den ich beim Hansgrohe Wassersymposium 2010 persönlich kennengelernt habe. Hansgrohe, mein ehemaliger Arbeitgeber, bei dem ich zwölf Jahre als Chefchemiker tätig gewesen bin und der jetzt als Hauptsponsor das Projekt »Rheines Wasser« unterstützt, hatte Professor Töpfer als Redner für seinen Wasser-Kongress gewonnen – genau wie mich. Während er einen beeindruckenden Vortrag über den Wasserkreislauf in der Wegwerfgesellschaft hielt, stand mein Beitrag unter der Überschrift »Wellness mit Awareness«. Die frei vorgetragenen Ausführungen unseres ehemaligen Ministers und einstigen Unter-Generalsekretärs der Vereinten Nationen bestachen nicht nur durch seine Rhetorik, sondern zudem auch durch seine Sachkenntnis und seine Erfahrungen in der Weltwasserwirtschaft. Viele Menschen meiner Generation und auch der meiner Eltern erinnern sich noch daran, wie Minister Töpfer Ende der achtziger Jahre kopfüber in den Rhein sprang, genau hier bei Kilometer 495, zwei Kilometer vor der Einmündung des Mains. Journalisten hatten den denkwürdigen Sprung in den Rhein damals fehlinterpretiert. Der Minister war nicht in den Rhein gesprungen, um als lebender Umweltindikator anzuzeigen, dass der Rhein wieder sauber ist. Wie sollte er das nur 18 Monate nach dem Branddesaster der Firma Sandoz, die alles Leben im Rhein nahezu ausgelöscht hatte, auch sein? Sein Sprung war vielmehr schlicht und einfach das Resultat einer verlorenen Wette.

Um 13:40 Uhr sind wir am Fischtor in Mainz, wo uns Bürgermeister Günter Beck trotz einsetzenden Nieselregens erwartet. Das ZDF geht in Mainz von Bord und dreht noch einige Szenen in unserem fahrenden Labor, in dem Anne Jenner Wasseranalysen durchführt.

ZDF an Bord: Aufnahmen für »Hallo Deutschland«

Enzo darf sie für die Kinder-Nachrichtensendung »Logo« dabei unterstützen und pipettiert hoch konzentriert Lösungen in Küvetten. Alle mit Schutzhandschuhen und Schutzbrille.

Mit dem sogenannten Schnelltest können wir schon in wenigen Minuten Aussagen zu wichtigen Aspekten der Wasserqualität machen. Wir können Temperatur, pH-Wert, Trübung, Chemischen Sauerstoffbedarf (CSB), Sauerstoffgehalt, Leitfähigkeit sowie die Ammonium-, Blei-, Nitrat- und Phosphatkonzentration in kurzer Zeit ermitteln. All diese Parameter beeinflussen die Wasserqualität in unterschiedlicher Art und Weise. Der Nitratstickstoff beispielsweise stammt hauptsächlich aus der Emission von Stickoxiden im Straßenverkehr oder aus Düngemitteln in der Landwirtschaft. Große Mengen an Stickstoff, der unter neutralen und aeroben Bedingungen vor allem als Nitrat vorkommt, können Eutrophierung verursachen, das heißt eine übermäßige Versorgung mit Nährstoffen, die oft Sauerstoffmangel und somit Fischsterben nach sich zieht. Das Schwer-

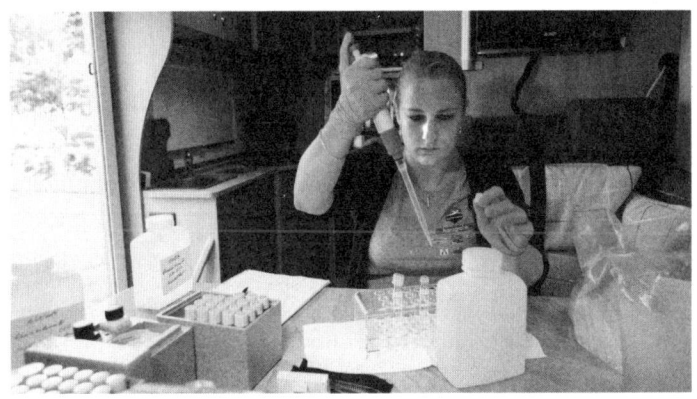

Im Wohnmobil: Anne Jenner ermittelt mit Schnelltests
unter anderem den Sauerstoff-, Blei- und Nitratgehalt des Rheinwassers

metall Blei führt ab einer Konzentration von dauerhaft mehr als
10 Mikrogramm – das sind 10 Millionstel Gramm – pro Liter Wasser
zu chronischen Vergiftungen und zu Defekten bei der Blutbildung.
Außerdem werden der Vitamin-D- und Calcium-Stoffwechsel sowie
die Zerebralentwicklung bei Kleinkindern gestört. Durch einen über-
mäßigen Gebrauch phosphatreicher Düngemittel können sehr hohe
Phosphatkonzentrationen im Boden entstehen. Das Auswaschen in-
tensiv landwirtschaftlich genutzter Böden durch Regenwasser kann
zu erhöhten Phosphatgehalten im Grund- und Oberflächenwasser
führen. Ein erhöhter Phosphatgehalt im Gewässer ist, neben Ammonium und Nitrat, ein wichtiger Hinweis auf die mögliche Verschmutzung des Wassers mit Fäkalien. Damit ist ein unkontrollier-
bares oder sogar schädliches Pflanzenwachstum verbunden, etwa das
unerwünschte Wuchern bestimmter Pflanzenarten (wie Algen), das in
der Konsequenz das ökologische Gleichgewicht erheblich stört.

Der Chemische Sauerstoffbedarf (CSB) ist als Summenparameter
ein Maß für die Summe aller im Wasser vorhandenen, unter bestimm-
ten Bedingungen oxidierbaren Stoffe. Er gibt die Menge an Sauerstoff
in Milligramm pro Liter Wasser an, die zu deren Oxidation benötigt
würde, wenn Sauerstoff das Oxidationsmittel wäre. Der CSB-Wert

ist damit ein Indikator für den Verschmutzungsgrad des Wassers mit oxidierbaren organischen Substanzen. Je höher der CSB-Wert, desto verschmutzter ist das Gewässer. Für Trinkwasser gilt als CSB-Grenzwert 5 Milligramm pro Liter Wasser.

Ammoniumstickstoff geht im Wesentlichen auf die Ammoniakemission aus landwirtschaftlichen Produktionsprozessen, insbesondere Tierhaltung, zurück. Ammonium kommt üblicherweise nicht im Trink- oder Grundwasser vor. Ein Auftreten dieser Verbindung ist ein wichtiger Hinweis auf Einflüsse durch Abwässer und Deponiesickerwasser. Anhand des Ammoniumgehaltes können Aussagen zum Verschmutzungsgrad und zur Gewässergüte getroffen werden. Ammonium ist per se nicht sehr schädlich, es kommt sogar in einigen Nahrungsmitteln wie beispielsweise Lakritz vor. Ammonium entsteht allerdings bei der bakteriellen Zersetzung des Harnstoffs in tierischen Ausscheidungen und ist somit in der Gülle neben unterschiedlichen Fäkalkeimen vorhanden. Bestandteile der Gülle können ins Grundwasser eindringen oder werden über Oberflächengewässer in Flüsse und Seen eingespült. Die Ammoniumkonzentrationen in Gewässern kann man daher als Indikator für eine Gewässerbelastung durch Fäkalkeime wie Escherichia Coli, das Kolibakterium, heranziehen, das zu den häufigsten Verursachern von Infektionskrankheiten beim Menschen gehört.

Der pH-Wert des Wassers beeinflusst die Stoffwechselprozesse der Lebewesen im Wasser und die Löslichkeit von Mineralien. Anhand des pH-Wertes kann festgestellt werden, in welcher Form eine Verbindung im wässrigen System hauptsächlich vorliegt. Die elektrische Leitfähigkeit des Wassers ist ein Indikator für die Konzentration an gelösten Salzen und damit die Verunreinigung durch lösliche anorganische Substanzen. Die Sauerstoffsättigung hängt direkt mit der Temperatur zusammen. Je höher die Temperatur, desto weniger Sauerstoff löst sich im Wasser und desto schlechter sind die Lebensbedingungen für Wasserorganismen. Der Sauerstoffgehalt im Wasser ist lebensnotwendig für Mikroorganismen und Fische. Er ist abhängig von der

Temperatur und der Konzentration von gelösten Salzen (Bezug zur Leitfähigkeit). Der Maximalwert der Sauerstoffmenge, die sich physikalisch bei einer Wassertemperatur von 20 Grad Celsius und bei Normaldruck von 1013 Millibar bzw. 101,3 Hektopascal (hPa) in einem Liter Wasser löst, liegt bei 9,1 Milligramm. Je mehr andere Substanzen im Wasser gelöst sind, desto weniger Sauerstoff kann das Wasser aufnehmen. Im Rhein haben wir im August mit teilweise über 7 Milligramm pro Liter im gesamten Verlauf hohe Sauerstoffkonzentrationen gemessen, die sich nahe der Sauerstoffsättigung bewegen. Dies ist eine Folge einer insgesamt niedrigen Schadstoffbelastung einerseits und des starken Lufteintrags durch Verwirbelungen des Wassers, z. B. an Staustufen, bei einer relativ niedrigen Wassertemperatur um die 20 Grad Celsius im August 2014 andererseits.

Bei allen Parametern, die wir mittels der Schnelltests untersuchen, liegen die Werte bisher und, so viel sei vorweggenommen, auch nach der Bewertung der gesamten Rheinstrecke unter den Grenzwerten der Trinkwasserverordnung. Das heißt, der Rhein hat beispielsweise in Mainz mit einem Nitratgehalt von einem Milligramm pro Liter Wasser oder mit einem Phosphatanteil von 0,07 Milligramm pro Liter Wasser ohne weiteres Trinkwasserqualität – zumindest bezogen auf diese Substanzen und Schwermetalle. Der Grenzwert für Nitrat liegt bei 50 Milligramm pro Liter Wasser, der für Phosphat bei 0,67 Milligramm pro Liter Wasser. Auch wenn wir den Verdünnungseffekt durch das bei unseren Messungen herrschende Hochwasser nicht hätten, würden diese Grenzwerte nicht überschritten.

Dabei ist Trinkwasserqualität für Seen und Flüsse nicht maßgeblich. Wenn Nitrate über das Grundwasser allerdings ins Trinkwasser gelangen, können sie bei Säuglingen zu vermindertem Sauerstofftransport führen – Blausucht sowie Erstickung können die Folge sein. Im erwachsenen Körper wird Nitrat zu Nitrit umgewandelt: eine Verbindung, die Krebs auslösen kann. Und durch die kostenfreie »Entsorgung« der Gülle auf unseren Feldern sieht die Landkarte der Nitratbelastung in Deutschlands Grundwässern alles andere als beruhigend aus. Gebiete mit schlechtem Grundwasserzustand halten sich, über ganz Deutschland verteilt, mit denen guter Qualität fast die Waage. In einigen Gemeinden kann die Bevölkerung nur noch mit Trinkwasser versorgt werden, indem gutes mit schlechtem Wasser gemischt wird, um den Grenzwert für Nitrat von 50 Milligramm pro Liter Wasser zu unterschreiten. Zudem sammeln sich im Grundwasser nicht nur Nitrate, sondern auch noch andere bedenkliche Stoffe, die in der Gülle enthalten sind.

In einem einzigen Punkt ergeben unsere Schnelltests, dass ein Grenzwert erheblich überschritten wird: beim Chemischen Sauerstoffbedarf (CSB-Wert). Hier wird der Grenzwert für Trinkwasser von 5 Milligramm pro Liter Wasser regelmäßig übertroffen. In Mainz zwar nur um 0,5 Milligramm pro Liter Wasser, ab da aber steigt der CSB-Wert kontinuierlich an, bis er an der Rheinmündung mit 9,5 Milligramm pro Liter Wasser fast doppelt so hoch liegt wie die Vorgabe der Trinkwasserverordnung. Diese Tendenz des kontinuierlichen Anstiegs rheinabwärts ist fast bei allen Parametern feststellbar. Sie hängt mit der steigenden Populationsdichte entlang des Rheins zusammen, was dazu führt, dass der Strom die Abwässer von immer mehr Menschen in sich aufnimmt.

Dabei ist die Wassertemperatur eine wichtige Einflussgröße für den CSB-Wert, denn je höher die Temperatur, desto schneller laufen chemische Reaktionen, auch Abbaureaktionen, ab. Andererseits sinkt mit zunehmender Temperatur die Sauerstoffkonzentration. Dies kann zur Folge haben, dass, sobald der Sauerstoffgehalt unter den Wert von 4 Milligramm pro Liter Wasser fällt, aerobe bakterielle Abbauprozesse – also solche, die Sauerstoff benötigen, um Schadstoffe abzubauen – nicht mehr oder nur sehr langsam ablaufen. Stattdessen übernehmen anaerobe Prozesse, die keinen Sauerstoff benötigen, den Abbau. Dabei kommt es zur Entstehung von Faulgasen wie Ammoniak, Schwefelwasserstoff oder Methan, die für viele Organismen pures Gift sind. Man spricht dann davon, dass ein Gewässer kippt. Die Temperatur des Rheins im August 2014 war mit einem

Durchschnittswert von etwa 20 Grad Celsius ab Konstanz für mich gefühlt zu niedrig, dafür fiel die Sauerstoffkonzentration auf der gesamten Strecke nicht unter 7 Milligramm pro Liter Wasser: bei der maximalen Sauerstoffsättigung von 9,1 Milligramm pro Liter Wasser bei einer Wassertemperatur von 20 Grad Celsius ein sehr guter Wert. Einige Umweltaktivisten entlang meiner Schwimmtour fragten mich, ob ich nicht schon im Rhein die Auswirkungen des Treibhauseffekts durch einen Temperaturanstieg bemerken würde. Um solch einen Effekt nachzuweisen, bedürfte es jedoch einer Langzeitbeobachtung. Einmalige Messungen haben hier keine Aussagekraft.

Die Sofortauswertungen der täglichen Wasserproben sind für uns nur ein Weg, um Aussagen über die Wasserqualität des Rheins machen zu können. Um die Güte des Rheinwassers umfassender zu bewerten, bedarf es allerdings einer aufwendigeren Analytik mit langen Probevorbereitungen, Kalibrierungen und dem Einsatz von teurem festinstalliertem Analyseequipment, das von entsprechend ausgebildetem und erfahrenem Personal bedient wird. Damit werden wir, unterstützt von zahlreichen Wissenschaftspartnern, nach dem Erreichen der Nordsee beginnen. Die dafür nötigen Proben sammeln wir seit dem Start am Tomasee nach den Vorgaben unserer Partner-Institute. Die Mikroplastikfilter etwa gehen nach Helgoland zum Alfred-Wegener-Institut. Die Filter mit den pathogenen Keimen schicken wir nach Berlin zur Firma Scienion. Die Schwermetallproben liefern wir in Holland bei Wetsus in Leeuwarden ab. Die Proben zur Analyse auf fluorierte Chemikalien bringen wir auf der Rückreise in Karlsruhe am Technologiezentrum Wasser bei Dr. Sacher vorbei. Die Sampler, die ich beim Schwimmen an meiner Wade trage, und alle anderen Wasserproben, die auf Pestizide, Pharmazeutika und weitere Industriechemikalien untersucht werden sollen, gehen an Matthias Ruff von der EAWAG in Zürich.

Insgesamt machen wir im Rhein einen wahren »Chemiecocktail« aus 128 organischen Substanzen aus, die alle zusammen für den Anstieg des Chemischen Sauerstoffbedarfs verantwortlich sind. Diese verteilen sich auf Pestizide, Arzneimittel, Biozide, Industriechemikalien, Süßstoffe, Betäubungsmittel und Inhaltstoffe von Pflegeprodukten, wie zum Beispiel aus dem Bereich Kosmetik Climbazol, welches in Antischuppen-Shampoos eingesetzt wird.

Es kommt uns bei unseren Tests in erster Linie darauf an, festzustellen, welche anthropogenen Substanzen sich im Rhein, der Trinkwasserquelle für 22 Millionen Menschen, befinden. Denn saubere Gewässer sind eine wichtige Voraussetzung dafür, dass unser Trinkwasser sauber bleibt. Zudem wollen wir wissen: Woher kommen diese Substanzen? Warum versagen bei diesen Substanzen unsere Kläranlagen, die eigentlich die Aufgabe haben, die Abwässer aus Haushalt, Krankenhäusern, Industrieanlagen und der Landwirtschaft zu reinigen? Mir war schon vor dem Abenteuer klar, dass unsere Kläranlagen mit dieser Mammutaufgabe eigentlich überfordert sind und wir neue und effektivere Systeme entwickeln müssen, die unsere Abwässer schon dort reinigen, wo sie anfallen. Meine Vision ist, den dafür erforderlichen Energiebedarf aus Solarenergie zu decken.

Die Bevölkerung wird, zumindest in Deutschland, nicht direkt über das Trinkwasser belastet. Denn hierzulande und innerhalb der EU ist Trinkwasser das am besten kontrollierte Lebensmittel überhaupt. Seine Qualität ist höher als die von Mineralwasser. Die Belastung des menschlichen Organismus durch Schadstoffe erfolgt hauptsächlich über unsere Nahrungsmittel und die Luft. Viele unserer Nahrungsmittel haben Kontakt zu Abwasser: Dies gilt ganz unmittelbar für Fische und Meeresfrüchte, die wir essen, aber auch mittelbar für Nutzpflanzen, indem diese Inhaltstoffe von Gülle aufnehmen. Andererseits wird es immer schwieriger und kostspieliger, unseren Trinkwasserstandard aufrechtzuerhalten, wenn wir nicht auch unser Abwasser besser kontrollieren und reinigen. Bis die Rückstände aus Flüssen ihren Weg durch die Sedimente ins Grundwasser nehmen und durch Brunnen wieder an die Oberfläche gelangen, kann es zwar bis zu zwölf Jahre dauern, doch Abwasser und Trinkwasser sind eben nicht entkoppelt zu betrachten.

Welche anthropogenen Spuren haben wir also im Rhein gefunden? Ich beschränke mich auf eine Auswahl: Blutdrucksenkende Arzneimittel finden sich ab Ilanz im Schweizer Alpenrhein; ihre Konzentration erhöht sich kontinuierlich bis zur Mündung in die Nordsee. Das Antibiotikum Sulfamethoxazol, das bei der Bekämpfung von Harnwegsinfekten und Lungenentzündungen verwendet wird, ließ sich ab der nächsten Tages-Schwimmetappe in Chur nachweisen. Der Betablocker Metoprolol, der insbesondere bei der Behandlung von Bluthochdruck zum Einsatz kommt, konnte wie schon erwähnt ab Konstanz im Bodensee aufgespürt werden. Das Schmerzmittel Diclofenac schließlich war ab Laufenburg am Hochrhein zu finden. Die Konzentrationen dieser Substanzen sind zwar gering, doch zeigen sie eben an, dass die Kläranlagen nicht alles eliminieren, was wir nach dem Konsum von Medikamenten über die Verdauung wieder ausscheiden und in der Toilette abspülen.

Viel höher sind die Konzentrationen der Stoffe, die nahezu jeder von uns verwendet: von Süßstoffen wie Acesulfam in Light-Getränken bis zu den Korrosionsschutzmitteln wie Benzotriazol, das sich in Spülmaschinen-Tabs findet. Bei diesen Stoffen liegen die Konzentrationen im dreistelligen Nanogrammbereich pro Liter Rheinwasser. Für diese Substanzen gibt es keine Grenzwerte, die überschritten werden könnten, da bisher keine direkte schädigende Wirkung auf den Menschen bekannt ist. Berechnet man über die ermittelten Konzentrationen den jährlichen Eintrag dieser Substanzen in die Nordsee, kommen mehrere Tonnen zusammen. Welchen Einfluss die Versüßung von Rhein und Nordsee auf unser Ökosystem hat, ist noch nicht bekannt. Es ist ein Gebot der Nachhaltigkeit, das Wasser in seiner Beschaffenheit nicht zu verändern. Unser langfristiges Ziel ist es daher, Systeme zu entwickeln, die in der Lage sind, bedenkliche Substanzen zu mineralisieren, bevor sie in unsere Gewässer gelangen. Dabei stehen zunächst vor allem die in Kläranlagen nicht abbaubaren Substanzen wie Röntgenkontrastmittel oder Perfluorierte Tenside (PFT) im Fokus. Ein entwickeltes elektrochemisches Verfahren hat bei Perfluorierten Tensiden bereits Erfolge gebracht und könnte auch andere toxische Substanzen unschädlich machen. Dies wird der Schwerpunkt meiner künftigen Forschung sein.

Ein vergleichsweise hochkonzentrierter Blockbuster, den wir im Rhein fanden, ist das oben erwähnte Benzotriazol. Eine Chemikalie, die unter anderem in Spülmaschinen-Tabs Verwendung findet. Dort dient sie als Silberschutz, zudem wirkt sie als Korrosionsschutz in Enteisungsmitteln. Jedes Mal, wenn wir die Spülmaschine laufen lassen, kommt damit Benzotriazol ins Abwasser. Auch aus Kosmetika stammende Substanzen sind im Rhein zu finden. Climbazol wird in Antischuppen-Shampoos eingesetzt, da es die Vermehrung von Pilzen hemmt. Die Substanz kann – wenn sie in den Körper aufgenommen wird – Chlorphenol abspalten, das im Verdacht steht, krebserregend zu sein. Neben den Stoffen, die in vielen Privathaushalten Verwendung finden, haben wir auch »exotischere« Substanzen nachweisen können.

Im Jahr 2012 wurden in Deutschland zudem etwa 1619 Tonnen Antibiotika an Tierärzte abgegeben. Deutlich mehr als in der Humanmedizin, wo lediglich 630 Tonnen eingesetzt worden sind. Wenn man bedenkt, dass nur 20 bis 40 Prozent der Antibiotika ihre Wirkung im Organismus entfalten und dabei abgebaut werden, aber der Großteil unverändert mit dem Urin und Kot wieder ausgeschieden wird, dann lassen sich die Verbreitung und der Anstieg der Antibiotika in unseren Gewässern nachvollziehen. Entweder landen die Medikamente, die teilweise prophylaktisch dem Tierfutter gegen die Ausbreitung von Epidemien zugesetzt werden, mit der Gülle auf den Feldern oder zusammen mit den menschlichen Exkrementen in unseren Kläranlagen. Letztlich landet alles im Wasser. Entweder sickern die Begleitsubstanzen in den Boden bis zum Grundwasser, oder sie werden nach Niederschlägen vom Oberflächengewässer mitgenommen. Alles, was nicht am Klärschlamm hängen bleibt oder durch Mikroorganismen abgebaut wird, landet im angrenzenden Fluss. Wenig zuversichtlich stimmt in diesem Zusammenhang, dass Experten für die kommenden drei Jahrzehnte weltweit ein Anwachsen des Antibiotikaverbrauchs aufgrund steigender Bevölkerungszahlen und der damit verbundenen Zunahme der Fleischnachfrage prognostizieren.

Es gibt heute keine Gewässer mehr, in denen wir nicht Kontrastmittel finden. Daher spüren wir sie auch im Rhein auf, und zwar jene, die für die Magnetische Resonanztherapie (MRT) verabreicht werden, bevor man in die Röhre kommt. Deutschland ist übrigens nicht nur amtierender Fußball-, sondern auch MRT-Weltmeister. Laut des »Deutschen Ärzteblatts« haben im Jahr 2009 etwa 7,2 Prozent der deutschen Bevölkerung bzw. 5,89 Millionen Menschen mindestens einmal eine MRT erhalten, Tendenz weiter ansteigend. Im Hochrhein ab Stein am Rhein bis Rheinkilometer 490 kurz vor Mainz steigt die Konzentration der Kontrastmittel langsam, aber kontinuierlich bis auf 15 Nanogramm pro Liter Wasser an. In der Probe bei Koblenz springt die Konzentration das erste Mal über 20 Nanogramm pro Liter Wasser und bleibt bis zum Zufluss der Lippe konstant bei diesem Wert. Direkt danach klettert die Konzentration des gadoliniumhaltigen Kontrastmittels auf 130 Nanogramm pro Liter Wasser bei Rheinkilometer 824 an. Anschließend bewirkt die Verdünnung durch Regen und den Zufluss aus Nebenflüssen, dass sich die Konzentration bei konstant 60 Nanogramm pro Liter Wasser einpendelt. Unter dem Einfluss der Gezeiten ab Rheinkilometer 995 nimmt die Konzentration weiter ab. Nach unseren Schätzungen transportiert der Rhein jedes Jahr rund fünf Tonnen Kontrastmittel in die Nordsee. Fünf Tonnen eines toxischen Schwermetalls, das wir unbedenklich einnehmen können, solange unsere Nieren funktionieren. Solange das toxische Schwermetall von einem sogenannten Liganden geschützt ist, der das Metallion wie ein Gerüst umgibt, kann es seine toxische Wirkung nicht entfalten. Das Gerüst sorgt auch dafür, dass das Kontrastmittel gelöst bleibt und über die Niere im Urin ausgeschieden werden kann. Über die Toilettenspülung gelangt das Kontrastmittel in unser Abwasser und hat in der Natur einen längeren Aufenthalt als in unserm Körper. Das organische »Schutzgerüst« kann von Mikroorganismen

abgebaut werden und die toxische Wirkung des Gadoliniums frei-
legen.

Ein weit verbreitetes Schmerzmittel, welches den Wirkstoff Diclophenac enthält und in kaum einem Haushalt fehlt, ist Voltaren.
Diclofenac ist ein auf Stabilität ausgelegter Wirkstoff. Würde er im
Körper zu schnell abgebaut, könnte das Medikament seine Wirkung
nicht richtig entfalten. Die Folge ist, dass es zu mehr als zwei Dritteln
wieder ausgeschieden wird. Außerdem werden Reste des auch auf die
Haut aufgetragenen Schmerzmittels beim Duschen oder Baden vom
Wasser abgelöst. Schon ab Laufenburg am Hochrhein ist der Wirkstoff in nennenswerter Menge von 10 Nanogramm pro Liter Wasser
im Rhein enthalten. Bis Rheinkilometer 490 kurz vor Mainz bleibt
die Konzentration nahezu durchgehend bei diesem Wert. Bis nach
Bonn steigt die Konzentration auf 25 Nanogramm pro Liter Wasser an. Fast eine Verdreifachung innerhalb von weniger als 200 Kilometern. Der absolute Spitzenwert von 57 Nanogramm pro Liter
Wasser wird erwartungsgemäß auf der Höhe der Millionenstadt Köln
erreicht. Den zweiten Ausschlag nach oben in der Konzentrationskur-
ve verzeichnen wir direkt nach dem Zulauf der Lippe in den Rhein
bei Kilometer 824: Hier messen wir 45 Nanogramm pro Liter Wasser. Die beiden aneinanderhängenden Peaks geben der Gesamtkurve
ein kamelhöckerartiges Aussehen. Dieser »Kamelhöcker« ist sym-
ptomatisch für eine Vielzahl von Substanzen, die wir untersucht haben: Substanzen, hauptsächlich aus Haushalten, deren Abwässer zen-
tral in Kläranlagen bearbeitet werden.

Für Diclofenac gibt es keinen Grenzwert in Gewässern. Es schadet
dem Menschen nicht. Warum also die ganze Aufregung? Diclofenac
war im Jahr 2005 in Indien, Pakistan und Nepal dafür verantwortlich, dass Millionen von Geiern verendet sind. Verschiedene Geier-
arten und andere Aasfresser sind dabei fast ausgestorben. In Südasien
wird das Medikament in der Tiermedizin eingesetzt. Es wirkt entzün-
dungshemmend. Wenn ein Rind mit diesem Medikament behandelt
wurde und sich Geier nach dem Ableben von dem Tierkadaver ernäh-

ren, ist das ihr Todesurteil. Asien ist weit weg, und mit den aasfressenden Geiern, die wir in der Regel nur aus Filmen kennen, hegen wir vielleicht nicht die größte Sympathie, doch das Medikament wurde mittlerweile auch in der Europäischen Union in der Tiermedizin zugelassen, obwohl das sogenannte Geiergift auch Adler tötet.

Todesursache Nummer eins in Mitteleuropa ist mit 40,2 Prozent Herz- und Kreislaufversagen. Ein Grund, weshalb Medikamente, die dagegen vorbeugen, in großen Mengen verschrieben werden. Der Betablocker Metoprolol beispielsweise blockiert Rezeptoren, an denen normalerweise die Stresshormone Adrenalin und Noradrenalin andocken, was zur Senkung des Blutdrucks führt und somit dem Infarkt vorbeugt. Im Jahr 2012 sind von diesem Medikament in Deutschland 900 Millionen Tagesdosen verschrieben worden. Ein echter Renner. Es kann also nicht verwundern, dass wir diesen Stoff auch im Rhein finden. Der Kurvenverlauf ist dem des Diclofenacs sehr ähnlich und zeigt wie dieser an gleicher Stelle die beiden Maximalkonzentrationen (»Kamelhöcker«) in Köln und direkt nach dem Zufluss der Lippe. Die ersten Spuren des Blutdrucksenkers finden wir schon im Bodensee. Von da ab steigt die Konzentration bis nach Speyer von zwei Nanogramm pro Liter auf 10 Nanogramm pro Liter Wasser langsam und stetig an. Von Speyer bis nach Köln steigt die Metoprololkonzentration stark bis auf 60 Nanogramm pro Liter an, fällt dann bis nach Düsseldorf und dem Zufluss der Erft und der Wupper kurzzeitig wieder auf 35 Nanogramm pro Liter ab, um nach dem Zufluss der Lippe bei Rheinkilometer 824 den Maximalwert von 70 Nanogramm zu erreichen. Anschließend fällt die Konzentration auf den folgenden 50 Kilometern bis zur holländischen Grenze auf 50 Nanogramm pro Liter ab und bleibt bis zur Nordsee konstant bei diesem Wert.

Süßstoffe sind sogenannte Zuckerersatz- oder Zuckeraustauschstoffe. Sie werden großflächig in der Industrie eingesetzt. Momentan sind elf Süßstoffe in der Europäischen Union zugelassen. Da Süßstoffe 30- bis 3000-mal süßer sind als Zucker, können sie in viel geringeren Mengen eingesetzt werden. Ein vermeintlicher Vorteil besteht darin, dass sie nicht vom Körper verstoffwechselt werden und damit keine Kalorien haben. Das macht sie sehr beliebt für sogenannte Light-Produkte. Einige Vertreter stehen im Verruf, karzinogen zu wirken, dick zu machen, das Risiko für Herz-Kreislauf-Erkrankungen zu erhöhen und Typ-2-Diabetes zu begünstigen. Durch Tests an Mäusen fand man heraus, wie es dazu kommen kann, dass man trotz verringerter Kalorien zunimmt. Durch Aufnahme von Nahrung mit süßem Geschmack ist unser Körper gewohnt, hohe Mengen an Energie zu erhalten und so den Appetit zu regulieren. Durch den Konsum von Süßstoffen jedoch gelangt weniger Energie in unseren Körper, weswegen er die Regulierung des Appetits mit der Zeit »verlernt«. Wird nun aber wieder zuckerhaltige Nahrung konsumiert, stellt sich kein Sättigungsgefühl mehr ein. In der Folge essen wir mehr, als wir benötigen.

Acesulfam, 200-mal süßer als Saccharose, ist einer der häufigsten Süßstoffe in unserer Gesellschaft. In vielen Light-Getränken und Kaugummis befindet sich der Stoff und gelangt so durch Verzehr in unseren Körper. Aber Süßstoffe sind auch in nicht als »light« oder »kalorienarm« ausgewiesenen Getränken, wie ich unlängst bei einem Blick auf das Etikett einer Flasche Radler feststellen musste. Seitdem lese ich die Zutatenliste wieder öfter, denn so ganz kann ich mich des Verdachts nicht erwehren, dass die chemische Industrie ihre Süßstoffproduktion nicht nur zum Wohle der Verbraucher vorantreibt. Wie viele andere Süßstoffe wird Acesulfam im Körper nicht verwertet und somit unverändert ausgeschieden. Diese Ausscheidungen gelangen dann über die Kanalisation in die Kläranlagen. Andere Süßstoffe, wie Cyclamat oder Saccharin beispielsweise, werden bis zu 94 Prozent in den kommunalen Kläranlagen abgebaut, wogegen Acesulfam und Sucralose diese nahezu ungehindert passieren können. Mit einer jährlichen Fracht von über 40 Tonnen und einer durchschnittlichen Konzentration von 1,2 Mikrogramm pro Liter Wasser ist Acesulfam die mit Abstand höchstkonzentrierte organische Substanz im Rhein. Im Tomasee ist noch nichts von dem künstlichen Geschmacksstoff nachzuweisen, sobald aber menschliche Abwässer in den jungen Rhein bei

GEVATTER RHEIN: TRINKWASSERQUELLE FÜR 22 MILLIONEN –
UND CHEMIECOCKTAIL

NIEDERLANDE

Möglicherweise krebserregend:
Climbazol aus Antischuppenshampoos

Rotterdam

DEUTSCHLAND

Düsseldorf

Köln

Bonn

BELGIEN

Mainz

RHEIN

Aus der Spülmaschine direkt
in den Fluss: Benzotriazol

Mannheim

Karlsruhe

Süßer Strom: Light-Getränke
hinterlassen ihre Spuren: Acesulfam

Besorgniserregende Konzentration von
Mikroplastik in Fischmägen

Basel

SCHWEIZ

Tomasee

Der Rhein als Patient: vollgepumpt
mit Antibiotika und Diclofenac

Darstellung aus Gründen der Lesefreundlichkeit stark vereinfacht und abstrahiert. Karte © ann-mull.com

Ilanz fließen, ist Acesulfam auch mit dabei. Bis zum Bodensee steigt die Konzentration von wenigen Nanogramm auf 200 Nanogramm pro Liter an und von dort kontinuierlich bis auf ein Mikrogramm pro Liter im Kanal bei Hoek van Holland. Weitere Maximalwerte messen wir mit 0,72 Mikrogramm pro Liter bei Wesel (Kilometer 824) und 0,7 Mikrogramm pro Liter bei Rhenen (Kilometer 916,5) in der Nähe von Wageningen in Holland. Unser hoher Süßstoffkonsum ist also kein rein nationaler Trend. All diese Süßstoffe summieren sich zusammen auf eine jährliche Fracht von mehr als 100 Tonnen, die der Rhein in die Nordsee schwemmt.

Hier möchte ich meinen Ausflug in die Chemie beenden. Dabei wäre noch mehr zu berichten: über Pestizide, Biozide und Fungizide, die das Algenwachstum fördern, Antiepileptika (Carbamazepin), Psychopharmaka wie Oxazepam, die Hormone der Antibabypille, die unter anderem eine Verweiblichung der männlichen Fische bewirken, die in der Folge statt Sperma Rogen produzieren.

Neben den Chemikalien, die der Rhein transportiert und die von aquatischen Lebewesen und denen, die sich von aquatischen Lebewesen ernähren, aufgenommen werden, befinden sich im Rheinwasser auch jede Menge Bakterien und Algen, die beim Überschreiten der Grenzwerte dem Menschen gefährlich werden können. So zum Beispiel Blaualgen (Cyanobakterien). Diese Mikroorganismen können Toxine, sogenannte Cyanotoxine, produzieren. Am bekanntesten sind hier die Microcystine aus der Klasse der Oligopeptide, deren toxische Wirkung auf einer Hemmung von Proteinphosphatasen beruht. In Deutschland wurden bislang vorwiegend die lebertoxischen Microcystine gefunden, während Neurotoxine aus Cyanobakterien bislang seltener beobachtet wurden. Berichte über Viehsterben nach dem Tränken an mit Cyanobakterien belasteten Gewässern und über Erkrankungen von Menschen, die entsprechend kontaminiertes Wasser verschluckt haben bzw. deren Haut direkt in Kontakt mit den Bakterien gekommen ist, dokumentieren die Auswirkungen dieser Toxine. Lokale Symptome umfassen Haut- und Schleimhautreizungen, Bindehautentzündungen und Ohrenschmerzen. Darüber hinaus werden auch schwerwiegendere gesundheitliche Beeinträchtigungen wie Übelkeit, Durchfall, Erbrechen, Gliederschmerzen, Atemwegserkrankungen und allergische Reaktionen auf den Kontakt mit Cyanobakterien in Verbindung gebracht. Vielleicht sind tatsächlich die Cyanobakterien im Rhein, die wir in allen ausgewerteten Proben finden, der Grund für meine Magen-Darm-Probleme in der letzten Woche meiner Reise im Wasser.

Jetzt aber wieder zurück zur körperlichen Herausforderung »Rheinbezwingung«: Während das ZDF sich an Land von Anne die Schnelltests erklären lässt, schwimme ich schon Richtung Mainzer Theodor-Heuss-Brücke. Es regnet den ganzen Nachmittag. Der Rhein teilt sich zwischen Mainz und Bingen mehrfach. So sieht es zumindest auf den Karten des Rheinschifffahrtsführers aus. Doch die Landzungen, die hier den Rhein in mehrere Arme aufspalten, sind jetzt vom Hochwasser vollständig überschwemmt. Büsche, die in Wirklichkeit vom Wasser teilweise bedeckte Baumkronen sind, ragen aus dem Wasser heraus und sind der einzige Anhaltspunkt für eine Trennung der parallel verlaufenden Fahrwasser. Ich schwimme in den Rheinseitenarmen außerhalb der Hauptfahrrinne und ärgere mich, dass ich aufgrund der dort geringen Strömung nur langsam vorankomme. Die Sicht ist schlecht, ohne Begleitboot wäre ich verloren. Nach allen Seiten sehe ich nur Wasser. Ich halte oft an, um mich zu orientieren. Es ist gespenstisch schön im Wasser. Wenn ich nicht wüsste, dass das hier der Rhein ist, könnte es auch der Amazonas sein. Das Wasser ist trüb, und um uns herum sieht es aus wie im tropischen Regenwald. Leo im Begleitkajak ist durchnässt, friert und paddelt daher schneller. Durch den Regen sehe ich meine Begleiter im Wasser nicht mehr, muss anhalten und rufen, dass sie bei mir bleiben sollen. Sonst habe ich keine Orientierung in diesem »Dschungel«. Der Seitenarm, Große Gieß genannt, ist so breit, dass ich bei diesem starken Regen nur Wasser und versunkene Bäume erkennen kann, aber keine Schwimmrichtung. Es taucht auch kein Schiff auf, an dem ich mich orientieren kann. Ich schwimme und schwimme und sehe im wahrsten Sinne des Wortes kein Land mehr. Ich beginne den Anblick der Rheinfrachter zu vermissen. Wieso schwimme ich überhaupt hier und nicht in der Fahrrinne mit der stärkeren Strömung? Weil es sicherer ist, wie vor allem Bernhard betont.

Um einerseits eine stärkere Strömung zu erwischen, aber andererseits keinen Ärger mit Bernhard und der Wasserschutzpolizei zu bekommen, schwimme ich fortan im Grenzbereich, hautnah links an den Bojen vorbei. Das lässt sich, wenn man darauf gefasst ist, auch gut steuern. Die Bojen bremsen die Wassermassen ein Stück weit ab, sodass sich direkt vor und beidseits neben ihnen jeweils eine zwei bis drei Meter lange Wassermulde bildet, in die das abgelenkte Wasser erst hinunterstürzt und dann wieder nach oben herausgeschossen kommt. Wenn man diesen kleinen Abhang richtig anschwimmt, kurz vorher mit beiden Armen noch einmal gleichzeitig mit einem Delphinarmzug beschleunigt und sich dabei um die Körperlängsachse auf den Rücken dreht, spürt man zuerst die Beschleunigung im ganzen Körper und unmittelbar danach das Herauskatapultieren aus dem Wellental. Dieses Flow-Erlebnis kommt fast an das Bodyrafting im Vorderrhein heran und ist eine sehr willkommene Abwechslung auf eintönigen Streckenabschnitten. Die Bojen-Akrobatik genieße ich derart, dass sie fast schon süchtig macht. Immer risikofreudiger feile ich sie aus, bis Bernhard aus Sorge um mein Wohlergehen darauf drängt, auf die Nebenstrecken auszuweichen.

In Östrich treffe ich endlich wieder auf den Hauptstrom und soll ihn queren, weil Hubert gerne ein Foto von mir machen möchte, wie ich am historischen Oestricher Kran vorbeischwimme, der hier vom 16. Jahrhundert bis 1925 in Betrieb war. Gegen die wieder erwachte Strömung geht es am Kran vorbei und noch zehn Kilometer geradeaus, an Kempten vorbei bis nach Bingen. Kurz vor der Anlegestelle muss ich eine Fähre von rechts nach links passieren lassen. Es dauert einige Zeit, da keiner weiß, wann genau sie losfährt, und ich möchte nicht vor ihrem Bug sein, wenn sie es tut.

Die Burg Pfalzgrafenstein im romantischen Mittelrhein

Es regnet immer noch in Strömen. Mir ist vom Schwimmen gerade erst wieder warm geworden, als ich auf der linken Uferseite eine kleine Menschengruppe ausmache: mein Empfangskomitee von der Fachhochschule Bingen mit ihrem Präsidenten Klaus Becker an der Spitze. Der Präsident möchte mir ein ganz besonderes Geschenk machen. Aber als er aus der regendurchnässten Papiertragetasche eine gute Flasche Binger Weißwein herausnehmen möchte, rauscht jene durch den aufgeweichten Taschenboden und zerschellt direkt vor meinen nackten Füßen. Die Sorge um meine Füße und die Erleichterung darüber, dass ich mich nicht verletzt habe, überdecken das kleine Malheur. Als Ersatz verspricht mir Professor Becker, mir eine Flasche dieses besonderen Weins nach meinem Rhein-Abenteuer zuzuschicken. Er hat Wort gehalten: ein wahrhaft köstlicher Tropfen!

Von Bingen bis zur Loreley darf ich nicht schwimmen. Auf dieser schmalen Strecke herrscht absolutes Schwimmverbot, auch eine Sondergenehmigung bekomme ich hier nicht. Das war auch schon so zu Klaus Pechsteins Zeiten. Die Strecke ist teilweise so eng, dass sich entgegenkommende Schiffe auf der kurvenreichen Passage am Loreleyfelsen immer wieder gefährlich in die Quere kommen. Der Sage

Blick von der Rheinmitte auf die Burg Ehrenfels

nach freilich war es die schöne Nixe Loreley, die einst mit ihrem betörenden Gesang die Rheinschiffer an die gefährlichen Felsenriffe lockte. In jedem Fall können die Rheinkapitäne von heute in der Enge der Passage zwischen den Wellen der Schiffsschrauben, die von den Felswänden zurückgeworfen werden, weder Kajaks noch Schwimmer gebrauchen. Also ist für heute erst einmal Schluss mit dem Schwimmen. Mit der Autofähre, an der ich gerade erst vorbeigeschwommen bin, setzen wir auf die andere Rheinseite über und fahren auf der in den Fels gehauenen Rheinstraße an der Burg Ehrenfels vorbei in Richtung Loreley, wo wir uns im Turnerheim oben auf dem Loreleyfelsplateau für die Nacht eingemietet haben.

Die Loreley-Herberge ist ein echter Geheimtipp. In der großflächigen Parkanlage 132 Meter über dem Rhein rund um das frei stehende Gästehaus aus den 1960er Jahren können sich Jung und Alt bei Ferienfreizeiten austoben.

Am Abend bekommen wir Besuch von Gerrit Oudakker, dem holländischen Technologie-Scout des Wetsus Instituts. Wetsus hatte sich bereit erklärt, das Rheinwasser auf seiner gesamten Strecke nach Schwermetallen wie Blei, Nickel, Cadmium, Chrom etc. zu untersuchen. Die Ergebnisse der Analysen sind erfreulich. Der Anteil keines einzigen Schmermetalls liegt im Rhein über dem Grenzwert der Trinkwasserverordnung. Natürlich ist dies zum Teil wieder eine Folge des Verdünnungseffekts durch das Hochwasser. Wenn man sich die Abflusswerte, beispielsweise in Emmerich, der letzten deutschen Stadt am Rhein, in den letzten Jahren anschaut, dann variieren diese zwischen 800 und 11 500 Kubikmeter pro Sekunde: ein gewaltiger Unterschied! Die ermittelten Konzentrationen können sich also um einen Faktor größer 10 ändern. Viel sinnvoller ist es daher, die Chemikalienfrachten zu berechnen.

Als sich nach einem gemeinsamen Glas Weißwein alle ins Bett verabschieden, bleibt mein Blick auf dem Weg ins Zimmer an einem unsignierten Gemälde hängen. Es zeigt den mäandrierenden Rhein zwischen den Bergketten. Am rechten oberen Bildrand sitzt auf einem Felsvorsprung eine unbekleidete, muskulöse Frau, deren Unterschenkel verschwimmen. Das Gesicht ist nicht zu erkennen. Sie schaut über ihre rechte Schulter, während sie sich mit beiden nach hinten gereckten Armen in ihre bis zum Gesäß herabfallenden, voluminösen goldblonden Haare greift. Ein Ruderbootfahrer auf dem Rhein schaut und greift zu ihr empor. Ich betrachte das Bild lange und lese das auf ihm verewigte Gedicht von Heinrich Heine, dessen Vertonung von Friedrich Silcher aus dem Jahr 1837 mit den entsprechenden Musiknoten in den Notenlinien eingezeichnet ist.

Die Loreley

Ich weiß nicht was soll es bedeuten,
Dass ich so traurig bin;
Ein Märchen aus alten Zeiten,
Das kommt mir nicht aus dem Sinn.

Die Luft ist kühl und es dunkelt,
Und ruhig fließt der Rhein;

Der Gipfel des Berges funkelt
Im Abendsonnenschein.

Die schönste Jungfrau sitzet
Dort oben wunderbar;
Ihr goldnes Geschmeide blitzet,
Sie kämmt ihr goldenes Haar.

Sie kämmt es mit goldenem Kamme
Und singt ein Lied dabei;
Das hat eine wundersame,
Gewaltige Melodei.

Den Schiffer im kleinen Schiffe
Ergreift es mit wildem Weh;
Er schaut nicht die Felsenriffe,
Er schaut nur hinauf in die Höh.

Ich glaube, die Wellen verschlingen
Am Ende Schiffer und Kahn;
Und das hat mit ihrem Singen
Die Lore-Ley getan.

(Heinrich Heine 1824)

Das Bild der Wasserjungfrau und die Zeilen Heines nehme ich mit in den Schlaf. Das Gedicht thematisiert die Sage der Wasserjungfrauen, die am Fuß des Loreleyfelsens gelebt haben sollen. Ob sie jemals wieder an den Rhein zurückkehren werden, hängt auch von seiner Wasserqualität ab. Vielleicht wurden sie in den 1980er Jahren, zur Zeit der großen Umweltverschmutzung, für alle Ewigkeit vertrieben. So langsam aber wird das Flusswasser wieder sauberer – trotz einiger Rückschläge, auf die ich noch eingehen werde.

Blick vom Loreleyfelsen auf St. Goarshausen und die Burg Katz

In der Nacht wirft unser Fotograf Hubert Braxmeier, von dem die allermeisten Bilder im Buch stammen, einen Blick auf den berühmten Felsen, seine notierten Beobachtungen möchte ich Ihnen nicht vorenthalten: »Weit unten im Tal zieht der Rhein seine berühmte enge Schleife. An beiden Flussufern verlaufen Bahnstrecken, die frequentiert sind wie die U-Bahn-Station Times Square, und künden mit Radau vom Näherkommen des nächsten Zuges. Wie elektrifizierte Lindwürmer winden sich die Züge um die langgezogene Kurve, einmal drei Züge gleichzeitig, was bei oberflächlich betrachteten zwei Bahnstrecken unnatürlich erscheint. Ein Nebengleis vielleicht, im Dunkeln verborgen? Die großen Frachtkähne dagegen sind schon lange, bevor sie um die Kurve biegen, zu hören. Ein tiefes Rumpelgrollen schallt ihnen voraus. Leider sparen die Schiffer an der Schiffsbeleuchtung, ich hätte mir mehr Lichterketten und Richtscheinwerfer am Bug gewünscht. Selbst im Mondlicht sind sie schwer auszumachen und nur durch Langzeitbelichtung als Lichtfäden hinreichend enttarnt.

Dennoch verzückt von dieser *late night traffic show* wechsle ich mehrmals Sichtnische, Objektiv und Format und verliere in diesem Scheinlabyrinth meinen rückwärtigen Bezugspunkt: das Hotel mit dem Parkplatz. Wo geht es zu meinem Bus, meinem Bett? Ich bekomme genau die gleiche Gänsehaut wie damals, als ich in den engen, verzweigten Ruinengassen von Machu Picchu den Liegeplatz meines Schlafsackes nicht mehr fand und überall Inka-Mumien um die nächste Ecke biegen zu sehen glaubte. Was damals der Höhenluft geschuldet war, muss hier eine andere Ursache haben. Während ich darüber nachgrübele, nehme ich einen leisen, vom Blätterrascheln untermalten Lockgesang wahr. Die Loreley? Doch dann steht plötzlich der Bus vor mir. Nicht aus dem Nichts natürlich, sondern einigermaßen ordentlich geparkt ...«

DONNERSTAG 14.08.2014
ST. GOAR/LORELEY–NEUWIED (49 KM)
DURCHS ENGE TAL

Der Regen hat aufgehört. Noch weiß ich nicht, dass heute eine der schönsten Rheinetappen vor mir liegt. Nicht ohne Grund gehört die Engtalstrecke des Mittelrheins zum UNESCO-Weltkulturerbe. Die Attraktivität der beliebten »Burgenstraße« genieße ich allerdings nicht allein, denn ich muss mir die enge Fahrrinne mit riesigen Lastkähnen und unzähligen Ausflugsschiffen teilen. Das Wetter ist wechselhaft, teilweise kommt die Sonne durch. Ich genieße die Sonnenstrahlen, nachdem es gestern nur geregnet hat. Boppard, dort wo der Rhein die größte Schleife macht, erscheint in vollem Sonnenglanz am linken Rheinufer. Über den Zwillingstürmen der spätromanischen St. Severus Kirche hat die Mittagssonne ein Loch in die Wolkendecke gebrannt, welches die ganze Stadt gegen ihre Umgebung hervorhebt und hell erstrahlen lässt.

Ein ökonomisches Schwimmen mit langen Gleitphasen ist in dieser Badewanne voller Wellen, die sich, aus verschiedenen Richtungen kommend, überlagern, nicht möglich. Kämen sie aus der gleichen Richtung, könnte man sich und seinen Schwimmrhythmus einfacher anpassen. Das ist nun eine größere Herausforderung. Und gegen das Wasser anzukämpfen ist vollkommen sinnlos, das weiß jeder

Schwimmer. Wasser lässt sich nicht beherrschen, schon gar nicht reißendes, strudelndes Wasser. Es geht also darum, auch unter erschwerten Bedingungen bestenfalls eine Symbiose mit dem nassen Element zu erreichen, die, wenn sie gelingt, eine unglaubliche Harmonie birgt. Wer in der Lage ist, sich perfekt an das Wasser anzupassen, den trägt es. Mich hoffentlich von den Alpen bis in die Nordsee.

Die Symbiose stellt sich nicht ein, dafür neugierige Begeisterung für die atemberaubenden mittelalterlichen Burgen, die sich beidseitig des Rheins aneinanderreihen. Nach jeder Biegung bin ich gespannt darauf, welcher schöne Anblick mich als Nächstes erwartet. Die Kilometer an Ritterburgen, Niederungsburgen, Jagdschlössern und Festungen vorbei bis nach Koblenz vergehen wie im Flug. Aus der Mitte des Flusses die steilen Weinberge nach rechts und links hinauf zu den Burgen zu schauen ist einmalig. Das gleichzeitige Gefühl der Verletzlichkeit als Schwimmer, der den Gewalten des Wassers ausgesetzt ist, steht im maximalen Gegensatz zur machtvollen Präsenz der über die Jahrhunderte den Naturgewalten trotzenden massiven mittelalterlichen Bauwerke.

Auch wenn ich diese Reise durch die industrieanlagenfreie Engtalstrecke mit vielen Ausflugsgästen teile, habe ich doch das Gefühl, mit meinen Eindrücken alleine zu sein, denn ich bin der Einzige im Wasser. Aus dieser anderen Welt heraus winke ich den zahlreichen Menschen an Deck der Ausflugsschiffe zu. Ebenso der Dame, die mich seit Lahnstein mit dem Fahrrad begleitet, bis die Mündung der Lahn ihren Weg stoppt. An der Koblenzer Brauerei direkt am linksrheinischen Ufer schwimme ich noch vorbei, bis mich um 15:20 Uhr Mario und Franz im Paddelboot bei Ehrenbreitstein in einen Bootshafen dirigieren. Ich muss mehrere Hundert Meter in schlammigem, stehendem Gewässer bis zu einer Ausstiegsstelle entgegengesetzt zur Rheinfließrichtung schwimmen. Dort mache ich nach 37 Kilometern nur einen kurzen Verpflegungshalt. Wir sind gut unterwegs, daher möchte ich am Nachmittag noch etwas Strecke gutmachen.

Zurück im Rhein, schwimme ich zunächst am Deutschen Eck vor-

Wo die Mosel in den Rhein fließt: am Deutschen Eck in Koblenz

bei, sehe beim Aus- und Einatmen links Kaiser Wilhelm auf seinem Pferd sitzen und rechts die Festung Ehrenbreitstein, während meine Familie und Teammitglieder, die heute freihaben, über mir in der Seilbahn sitzend, den Rhein überqueren. Ich schaffe noch 14 Kilometer bis nach Neuwied, wo die beschauliche Strecke mit dem weniger schönen Anblick der Kühltürme des Kernkraftwerks Mülheim-Kärlich ihren Abschluss findet. Das Kernkraftwerk ist bereits seit 1988 nach nur 30-monatiger Laufzeit nicht mehr in Betrieb, aber als erschreckendes, hässliches Bauwerk nach all den märchenhaften Burgen in gewisser Weise wiederum auch eindrucksvoll: als zeitgeschichtliches Zeugnis einer Epoche ungebremster Fortschrittsgläubigkeit, deren Visionen sich nicht erfüllt haben. Gegenüber dem Atommeiler liegt der Neuwieder Yachthafen, ich schwimme gegen 17 Uhr, dem Motorboot folgend, hinein und höre das erste Mal seit über zwei Wochen einen lauten, ein Gewitter ankündigenden Donner. Bevor das Boot festgemacht und versorgt ist, setzt ein starker Regen ein, der uns auf dem Weg zum Campingpark KNAUS begleitet. Der Campingplatz liegt direkt gegenüber dem Kaiser-Wilhelm-Denkmal an der Mündung der Mosel in den Rhein. Alle drei Wohnmobile, eines ist inzwischen noch hinzugekommen, und Huberts VW-Bus stehen direkt am Begrenzungszaun zur Mosel, sodass wir einen unverstellten Blick auf das Deutsche Eck und die beiden Flüsse haben. Nach einer ausgiebigen Dusche und einem alkoholfreien Bier mit Franz muss ich für Enzo im Wohnmobil Probe liegen, das ab heute, solange es mir gut geht, meine Unterkunft sein wird.

FREITAG 15.08.2014
NEUWIED–BONN (49 KM)
IM WASSERSCHATTEN

Da ich gestern »Überstunden« im Wasser gemacht habe, stehen heute bis zur ehemaligen Bundeshauptstadt Bonn nur noch 49 Kilometer auf dem Programm. Die Vorfreude auf die Etappe ist besonders groß, weil mich auf dem Schlussabschnitt mein langjähriger Freund Holger Eickhoff, Kommilitone und Trainingspartner während meiner Heidelberger Zeit, begleiten wird. Wir wollen uns auf der Höhe von Bad Honnef treffen, um zusammen die restlichen Kilometer bis nach Bonn zu schwimmen. Holger ist CEO der Firma Scienion in Berlin. Scienion stellt Maschinen und Technologien zur Herstellung und Auswertung von Schnelltests her, mit denen sich Wasser auf alle möglichen Krankheitserreger, Hormone, Mikroorganismen und Algen hin analysieren lässt. Immer wenn wir uns sehen, wo auch immer auf dem Globus, spulen wir als alte Leidensgenossen vom Schwimmclub Nikar Heidelberg zusammen einige Kilometer im Wasser ab, um zu sehen, was die alten Knochen noch hergeben und wer seine jugendliche Form am besten konserviert hat. Es versteht sich von selbst, dass wir die Gelegenheit, diesen Sommer zusammen im Rhein zu schwimmen, nicht auslassen können, zumal Scienion die Analyse unserer Filter aus dem Rhein auf Krankheitserreger übernimmt und dabei eine neue Methode an Realproben ausprobieren möchte.

Ich passiere Andernach, wo ich Marienburg, Burg Hammerstein und den alten Krahnen, ein Kran aus dem 16. Jahrhundert, kaum wahrnehme. Wenig später stoßen zwei Paddler vom Post-Sportverein Bonn zu uns: das Ehepaar Klaus und Gabi Koch. Für die beiden ist das Paddeln eine wahre Passion, und sie kennen jeden Meter des Rheins sowie seiner Zuflüsse zwischen Bingen und Wesel wie ihre Westentasche. Über Facebook haben beide Kontakt zu uns aufgenommen und spontan angeboten, uns bis nach Bonn zu eskortieren und unsere ganze Truppe im PSV-Heim unterzubringen. Das hilfsbereite und sympathische Paar ist so mitteil- wie unterhaltsam, Gabi übernimmt irgendwann das Regiment, Franz ist verdutzt und kommt kaum mehr zu Wort. Dafür lerne ich eine Menge über das Siebengebirge, die Basaltfelsen, die Apollinariskirche in Remagen, die als einziges Bauwerk aus Strass gebaut wurde, das Schlösschen am Rhein, das vor kurzem Thomas Gottschalk noch bewohnt und jetzt verkauft hat ... etc. Ich bekomme viel Input – mehr, als ich im Moment verarbeiten kann. Gabi und Klaus sind wandelnde Lexika zur Rheingeschichte und übertreffen sich gegenseitig mit ihrer Detail- und Ortskenntnis.

In ruhigen Phasen genieße ich das Kiesrauschen am Grund. Meine akustischen Wahrnehmungen werden überlagert vom monotonen rhythmischen Schlagen der Arme, die mich vorantreiben. Durch das Dreieck, welches mein gebeugter Arm, kurz vor der Wiedereintauchphase, mit der Wasseroberfläche bildet, schaue ich ab und zu ans Ufer oder zu meinen Begleitbooten. Plötzlich wird es durch den Kopf einer Gestalt mit langen blonden, bis auf die Wasseroberfläche hängenden Haaren ausgefüllt. Während der Zug- und Gleitphase verarbeite ich das Bild und hoffe, dass meine Phantasie mir einen Streich spielt: die Loreley – das kann doch nur eine Halluzination sein! Ich vergewissere mich beim zweiten Armzug. Die Frau im Wasser ist immer noch da. Der Schreck hat beim zweiten Anblick schon etwas nachgelassen. Ich drehe mich abrupt gegen die Strömung um und schaue in das freundliche Gesicht der vermeintlichen Sagengestalt. Der Wasserfilm rinnt von meiner Schwimmbrille, die Konturen werden schärfer, und ich stelle erleichtert fest, dass sie nicht das Fabelwesen ist. Denn nicht nur der Kopf ist stark behaart, sondern auch die Oberlippe und der restliche Körper, den ich bis zu den Schultern über der Wasseroberfläche sehe. Und trotzdem ist es eine Frau. Sie stellt sich mir als Moselle Adams vor und erklärt, dass sie unter einem Wolfsgendefekt leidet, was die männlich wirkende Behaarung erklärt. Sie berichtet, dass sie das ganze Jahr hindurch, sogar im Winter oder bei Extremhochwasser, im Rhein schwimmt. Der Rhein, so ihre Worte, mache keine Unterschiede zwischen Geschlechtern und akzeptiere sie als Einziger so, wie sie eben sei. Ihr großer Traum ist es, als erste Frau den Rhein zu durchschwimmen, und sie fragt mich nach Tipps. In der Geschwindigkeit, mit der Moselle Adams unterwegs ist, würde sie allerdings mehrere Monate brauchen, und nach all dem, was ich unterwegs, vor allem im Vorderrhein, an Gefahren erlebt habe, mache ich mir Sorgen um sie. Wir hatten nach dem Projekt noch öfter Kontakt. 2015 konnte ich sie davon überzeugen, auf ihren Rhein-Marathon zu verzichten, weil es an jeder Organisation und der notwendigen Unterstützung durch ein Team fehlte. In diesem Jahr ist sie fest entschlossen, ihren Traum zu verwirklichen – mit der Hilfe von Unterstützern. Am 3. Juli 2016, kurz vor dem Erscheinen dieses Buchs, soll es an der Rheinquelle losgehen. Ich weiß, was sich Moselle Adams vorgenommen hat, und wünsche ihr alles nur erdenkliche Glück für einen erfolgreichen Verlauf ihres großen Abenteuers!

Noch unter dem Eindruck der ebenso unerwarteten wie skurrilen Begegnung schwimme ich an Linz vorbei, jener Stadt, in der Klaus Pechstein, mein Vorbild in Sachen Rheinbezwingung, lebte. Er war der Erste, der den Rhein seiner gesamten Länge nach von Ilanz bis Hoek van Holland durchschwommen hat. Leider können wir die Strecke von Linz nach Bonn nicht mehr zusammen schwimmen. Es wäre mir eine Ehre und Freude gewesen.

Remagen lasse ich mit einem phantastischen Blick auf den Apollinarisberg links liegen, denn nun kann ich es kaum erwarten, Bad Honnef zu erreichen. Im dortigen Bootshafen wartet Holger zusammen mit meiner Frau Nicola auf mich. Nach einer herzlichen, aber schnellen Begrüßung springen wir synchron ins Hafenbecken und schwimmen hinaus in den Rhein. Holger, genau wie ich Jahrgang 1965, ist im Wasser immer noch verdammt schnell. Außerdem ist er hoch motiviert und – ganz im Gegensatz zu mir – ausgeruht.

Er schwimmt drauflos, als gäbe es kein Morgen mehr. Ich habe Mühe mitzuhalten, trotz der Sogwirkung an seinen Füßen, denn ich muss nach über 800 Kilometern meine gewohnte Reisegeschwindigkeit verlassen und in den Sprintmodus umschalten. Meine Schultergelenke drohen aus den Angeln zu fallen bei dieser Armzugfrequenz. Holger ist sich des Tempos anscheinend bewusst, denn alle 50 bis 100 Meter dreht er sich kurz zwei, drei Armzüge lang auf den Rücken, um sich zu vergewissern, dass ich noch dran bin. Die Paddler neben uns haben ihre Schlagzahl auch deutlich erhöht und ihre Komfortzone verlassen. Der Puls steigt in den Grenzbereich, einen Dreierzug kann ich nicht mehr aufrechterhalten, sodass ich nur noch nach rechts atme. Es wird langsam besser, das Tempo ist immer noch deutlich höher als sonst, aber Holgers Anfangseuphorie hat sich etwas gelegt. Auch mein Herz-Kreislauf-System hat sich angepasst, und die Atmung wird wieder ruhiger.

Das Einzige, was ich auf diesem Streckenabschnitt sehe, sind Holgers Füße eine Armlänge voraus. Das Wichtigste ist dranzubleiben, um den Sog des Vorausschwimmenden zu spüren, ohne sich dabei ständig orientieren zu müssen. Das übernimmt der Vordermann, während man im »Wasserschatten« ähnlich wie beim Radfahren Energie sparen und die Nackenmuskulatur schonen kann. Wir sind mit 14 Stundenkilometern unterwegs. Auf einmal höre ich einen dumpfen Schlag. Linker Ellbogen und Schulter prallen auf etwas Rotes und Hartes zwischen aufgewühlten schäumenden Wassermassen. Diese Boje konnte ich nach rechts atmend und Holgers Füße fixierend unmöglich sehen. Holger hat ebenfalls nicht mit einem derartigen Hindernis gerechnet. Er prallt in voller Wucht mit dem Rücken auf die schwere Metallboje, als er sich gerade zu mir umdrehen will, und gleitet dann seitlich ab, sodass die Aufprallfläche für mich wieder frei ist. Das alles passiert in Bruchteilen einer Sekunde.

Ankunft in Bonn: Andreas Fath und sein Freund Holger Eickhoff
sind die letzten Kilometer gemeinsam geschwommen

Während wir unsere Blessuren und den Schreck verarbeiten und versuchen, uns zu sammeln, verschwindet die rote Schicksalsboje schon
wieder langsam aus unserem Blickfeld. Wir sind trotz der schmerzhaften Unterbrechung sehr gut vorangekommen. Der Lange Eugen,
wo früher die Bundestagsabgeordneten ihre Büros hatten und jetzt
Organisationen der Vereinten Nationen untergebracht sind, und der
Post Tower sind trotz einsetzenden Regens schon gut zu erkennen.
Um uns herum werfen die einschlagenden Regentropfen halbkugel-
förmige Wasserblasen auf, die sofort wieder zerplatzen. Am Bonner
Freizeitpark Rheinau, kurz hinter der Konrad-Adenauer-Brücke, hört
der Regen, wie bestellt, zu unserer Ankunft wieder auf. Trotz der zwi-
schenzeitlichen Schrecksekunde ist es eine wundervolle Begegnung
im Wasser gewesen mit einem alten Freund, mit dem ich sicher noch
weitere Kilometer »fressen« werde.

7. IM SOG DER NORDSEE – DER NIEDERRHEIN

Die Etappe von Bonn nach Köln ist mit 35 Kilometern, am Ende werden es 39, ziemlich kurz bemessen, aber ein Aufenthalt in der Domstadt ist ein Muss. Sie kann ich nicht einfach links liegen lassen, nur um Strecke zu machen und eventuell einen Tag rauszuholen. Köln ist mit mehr als einer Million Einwohnern die bevölkerungsreichste Stadt Nordrhein-Westfalens, das spürt auch der Rhein. Zu der Schlagzeile, mit der die örtliche Boulevardpresse »In Köln schmeckt ihm das Wasser jot« meine Ankunft überschreibt, kann ich nur sagen, dass geschmackliche Unterschiede tatsächlich kaum wahrzunehmen sind, da Nase und Mund beim Schwimmen ständig im Wasser sind. Nur wenn man an einer Kläranlage vorbeischwimmt, kann man den Eindruck schlecht schmeckenden Wassers gewinnen. Zumal der Geruchssinn im Wasser sensibler ist als an Land. Als Rauchen noch erlaubt war in öffentlichen Einrichtungen, konnte ich im Freibad sofort wahrnehmen, wenn jemand rauchte, selbst wenn weit und breit niemand mit Zigarette am Beckenrand zu sehen war. Die Abwässer der über eine Million Kölner, die in den Fluss geleitet werden, schmecke ich zwar nicht heraus, doch die Analytik-Ergebnisse zeigen einen niedrigeren Sauerstoffgehalt im Wasser und einen höheren CSB-Wert als auf der bisherigen Strecke. Die Werte werden nach Köln durch Verdünnungseffekte der zuströmenden Nebenflüsse wieder etwas besser. Die Abwässer der Kölner Stadtbevölkerung durchlaufen natürlich Kläranlagen. Sie aber können nicht alle gelösten Inhaltstoffe zurückhalten.

Je mehr organisch gelöste Substanzen, wie etwa Medikamentenrückstände, Süßstoffe, Korrosionsschutzmittel oder Antischuppenpräparate, sich im Wasser befinden, umso höher ist der CSB-Wert und umso schlechter die Wasserqualität. Wenn man die Kurvenverläufe aller untersuchten Substanzen anschaut, ist, wie erwähnt, ein kontinuierlicher Konzentrationsanstieg von der Quelle bis zur Mündung feststellbar. Von dieser Geraden weichen einige Entnahmestellen nach oben und nach unten ab. Köln ist eine Abweichung nach oben, aus den genannten Gründen. Der Anstieg dokumentiert auch, dass die Substanzen ziemlich robust sind, denn sie wurden weder von den Mikroorganismen in der Kläranlage noch während ihres Transports im Rhein vollständig abgebaut, sodass sprichwörtlich den Letzten die Hunde beißen: die Holländer, die mit einer deutlich schlechteren Qualität des Rheinwassers als die Schweizer leben müssen.

Am ehemaligen Regierungsviertel in Bonn vorbei schwimme ich unter der Kennedybrücke hindurch bis zum Bootshaus der PSV-Kanuten, in dem wir übernachtet haben. Von rechts strömt die Sieg in den Rhein, es wird schlagartig um zwei Grad kälter. Klaus erzählt mir, dass die Sieg heute der lachsreichste Fluss in Deutschland ist. Vielleicht auch der kälteste, denke ich. Je kälter das Wasser, umso mehr Sauerstoff kann sich darin halten, und das gefällt natürlich den Fischen. Mir im Moment weniger. Der Anblick der vielen den Rhein überspannenden Brücken löst ein Glücksgefühl aus. Brücken haben auf meiner Rhein-Reise im Wasser einen völlig neuen Stellenwert bekommen. Sie sind ähnlich einer Oase in der Wüste ein Zivilisationszeichen, das man nach langen, einsamen Passagen herbeisehnt. Mehrere hintereinander kündigen eine größere Stadt an. Nicht nur von oben, auch von unten betrachtet, sieht jede Brücke anders aus. Es ist ein Genuss und eine willkommene Abwechslung, auf dem Rücken, Beine und Arme zur Seite ausgestreckt, unter ihnen hindurchzugleiten und die eigene Geschwindigkeit wahrzunehmen.

Nach der Autobahnbrücke Rodenkirchen winkt mir mein Sohn Leo zwischen den Schilfhalmen am Ufer zu und kommt zu mir in den

Kölner »Einschwimmschneise«

Fluss. Das letzte Mal bin ich mit ihm von Romanshorn nach Uttwil geschwommen. Ich freue mich über den Spontanbesuch. Nebeneinander auf dem Rücken liegend, genießen wir gemeinsam die Skyline der Rheinmetropole. Oft habe ich den Kölner Dom als Zugfahrgast von der Hohenzollern-Brücke aus bewundert, jetzt sehe ich ihn zum ersten Mal aus der Fischperspektive. Ein einmaliger Anblick.

Auch für die wieder zahlreichen Medienleute, die meinen Sohn und mich vor der Silhouette des Doms gemeinsam mit unserem Team am rechten Rheinufer in Empfang nehmen, filmen und fotografieren. Besonders freue ich mich, dass der Rektor unserer Hochschule, Professor Rolf Schofer, eigens angereist ist. Ohne seine vorbehaltlose Unterstützung hätte es das Projekt »Rheines Wasser« nicht gegeben.

Unweit meines Landeplatzes tobt gerade die weltweit größte und restlos ausverkaufte Computerspielmesse »Gamescom«. Oberhalb des Ausstiegs geraten wir auf der Rheinpromenade prompt in die Ausläufer einer Techno-Open-Air-Party für die Gamer, deren hämmernde Bässe schon vom Wasser aus zu hören gewesen waren. Nach Party steht mir weniger der Sinn als den Studierenden unseres Expeditionszuges. Entsprechend unterschiedlich nutzen die Teammitglieder den Abend und den morgen anstehenden Ruhetag.

Auf dem Campingplatz im Kölner Südosten angelangt, steht für mich erst einmal eine heiße Dusche auf dem Programm. Danach gönne ich mir eine Massage, die Nicola bereits für mich organisiert hat. Eigentlich unvorstellbar, aber niemand in unserem Projektteam – mich selbst eingeschlossen – hatte in der Vorbereitung daran gedacht, dass Regeneration nicht nur aus Schlafen besteht, sondern auch regelmäßiger physiotherapeutischer Behandlungen bedarf. Seit dem Halt in Konstanz sorgt meine Frau dafür, dass sich Experten immer wieder meiner durch das ausdauernde Schwimmen zunehmend beanspruchten Muskulatur annehmen. Ohne die professionelle Hilfe der »Physios« wären die Strapazen nicht durchzuhalten gewesen.

Der Hin- und Rückweg zur Physiotherapie-Praxis führt mich zu Fuß über den Rhein. Vor wenigen Stunden sind Leo und ich unter dieser Brücke hindurchgeschwommen. Der Perspektivwechsel, den mir die Flussüberquerung in luftiger Höhe beschert, berührt mich: In gewisser Weise macht der Blick von oben auf den sich bis zum Horizont hinziehenden Strom noch einmal die Dimensionen unseres Vorhabens bewusst – das war schon eine verrückte Idee.

Der Abend klingt in großer Runde in einem Lokal unweit unseres Campingplatzes aus. Die erste Runde geht aufs Haus: »Für den Rheinschwimmer«, wie die Bedienung verkündet. An meine neue »Berühmtheit« muss ich mich erst noch gewöhnen. Aber Ruhm ist ja bekanntermaßen vergänglich – für mich durchaus ein Trost.

SONNTAG 17.08.2014
KÖLN (RUHETAG)
FAMILIEN-SIGHTSEEING

In Köln kommt man am Rhein nicht vorbei. Trotzdem spielt er heute nur eine Nebenrolle. Ich genieße es, nach der Einsamkeit im Wasser den Tag zusammen mit meiner Familie zu verbringen. Wir haben Glück mit dem Wetter und machen uns auf Erkundungstour durch die Stadt und ihre Geschichte. Ein Besuch des Kölner Doms, den ich bislang nur von außen kenne, ist natürlich Pflicht.

Die Zeit vergeht viel zu schnell. Ich ertappe mich am Abend dabei, wie ich mit Grausen daran denke, dass ich in ein paar Stunden wieder in den Rhein steigen werde. Andererseits haben wir bereits mehr als zwei Drittel der Strecke geschafft, liegen voll im Plan und sind nach den anfänglichen organisatorischen Turbulenzen inzwischen ein eingespieltes Team. Wenn alles weiter so läuft, sind wir in einer Woche am Ziel. Das gibt Zuversicht.

MONTAG 18.08.2014
KÖLN–DÜSSELDORF (55 KM)
DER RHEIN IST EINE RIESIGE PLASTIKMÜHLE, TEIL 2

Von Köln geht es in die nächste Rheinmetropole. in die nordrhein-westfälische Landeshauptstadt Düsseldorf. Den Start haben wir für 10 Uhr bei Kilometer 689 in Höhe des Tanzbrunnens geplant. Die Streckenlänge ist überschaubar und innerhalb von acht Stunden zu schaffen: für mich seit drei Wochen ein ganz normaler Arbeitstag.

Bei 19 Grad Celsius Wassertemperatur, starkem Wellengang und Gegenwind arbeite ich mich zwischen den großen Pötten voran, deren Rümpfe unter der Last der Kies- und Sandberge, die sie geladen haben, nicht mehr zu sehen sind. Den Rhein säumen auf beiden Seiten Industrieanlagen der Ford-Werke und des Chemieriesen Bayer. Im Hafen des Chemieparks herrscht sehr viel Rangierverkehr, das Wasser ist aufgewühlt und kalt. Ich muss ständig anhalten und die Richtung ändern, um nicht mit kommenden, gehenden oder am Ufer festgemachten Frachtschiffen zu kollidieren. Wind, Wellen und Kälte kosten viel Energie. Meine Hände und Füße sind eiskalt, der restliche Körper bleibt nur durch die Bewegung warm. Ich darf nicht anhalten, müsste aber dringend etwas essen. Am Kajak hängend im Wasser, so wie am Hochrhein oder Oberrhein: unmöglich. Sobald ich aufhöre zu schwimmen, durchdringt mich die Kälte, und ich fange an zittern. Um diesen unangenehmen Zustand zu beenden, muss ich 20 Minuten Vollgas schwimmen. Ohne Energiereserven geht das irgendwann nicht mehr. Ich muss raus aus dem Wasser.

Ich schaffe es noch bis Kilometer 710. Gegenüber vom Bayer-Werk in Dormagen liegt am linken Rheinufer, um das sich der Fluss nach rechts biegt, ein Kiesstrand. Dahinter ragen hüfthohe Gräser in der durchbrechenden Sonne empor. Das sieht nach Wärme aus. Ich signalisiere Klaus und Martin, dass ich an Land will. Ich schwimme nicht direkt hinter dem Kajak her, sondern will einen kürzeren Weg zum Ufer nehmen. Diesen Fehler muss ich sofort bezahlen, als ich an einer etwa zehn Zentimeter unter der Wasseroberfläche befindlichen Buhne mit der Hüfte hängen bleibe, mich dabei um die Längsachse drehe und mit dem Rücken darüberschabe. Der Schreck ist größer als der Schmerz, und der Neoprenanzug ist erfreulicherweise nicht aufgerissen. Draußen an Land suche ich mit den Füßen den warmen Kies, im starken Wind fange ich aber an zu zittern.

Nach einer Pause, in der ich schließlich doch noch die wärmende Sonne verspüre, nehme ich die verbleibenden 34 Kilometer bis nach Düsseldorf in Angriff, die ich bis zum Schluss durchschwimme, um vor dem Ziel nicht mehr kalt zu werden. Der Fernseh- bzw. Rheinturm ist schon von weitem zu sehen: ein hervorragender Fixpunkt für das Tagesziel. Kurz vor dem Ausstieg geht ein wahrer Platzregen nieder. Vom Fluss aus sehe ich Nicola am Landtag oben auf der Rheinuferpromenade. Sie rennt am Ufer mit mir die letzten Meter mit, am aufgebauten Hansgrohe-Pavillon vorbei. Zwischen der Rheinkniebrücke und der Oberkasseler Brücke am Schlossufer stecken zwei Fahnen auf Wasserspiegelhöhe. Es gibt keine Treppe, geschweige denn einen Steg. Die Uferböschung ist mit losen Wackersteinen befestigt und bewachsen. Auf glatten Felsen zwischen durchweichtem Boden mit zerbrochenen Flaschen in den Zwischenräumen richte ich mich schwankend auf.

Düsseldorf ist ein gutes Beispiel dafür, was im Hinblick auf Ge-

Ausstieg in Düsseldorf

wässerschutz noch im Argen liegt. Perfluorierte Tenside, eine krebs-
erzeugende Chemikalie, gelangten hier 2015 in den Fluss. Als Quelle werden die Feuerlöschmaßnahmen während der Brandkatastrophe
1996 und das Löschen einer Maschine am Düsseldorfer Flughafen
2005 angenommen. Die PFTs waren damals in Feuerlöschschäumen
noch nicht verboten. Sie verseuchten das Grundwasser in einigen
Stadtgebieten und arbeiteten sich über die Jahre durch das Sediment,
um schließlich auch in den Rhein zu gelangen, wo sie 2015 in be-
denklicher Konzentration nachgewiesen wurden. Noch gravierender
macht diesen Befund die Tatsache, dass die im Rhein vorhandenen
Mikroplastikpartikel aufgrund ihrer Eigenschaften zu Trägern dieses
Schadstoffs werden. Über Fische, die diese Kunststoffteilchen als vermeintliche Nahrung zu sich nehmen, landen Schadstoffe wie PFTs
letztlich auch in unserer Nahrungskette, was sie erst recht gefährlich
für uns macht. Beispiele wie dieses aus Düsseldorf zeigen, dass Ge-
wässerverunreinigungen nicht einfach stromabwärts abfließen und

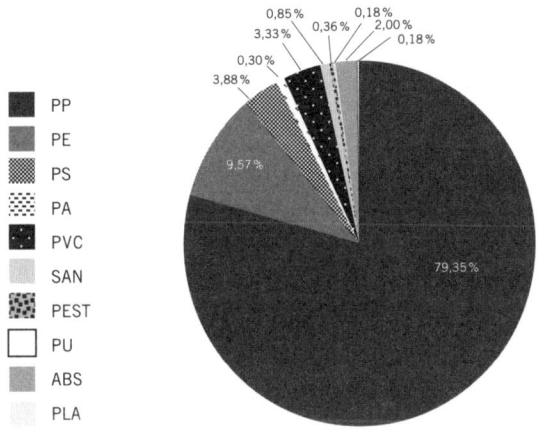

0,85 %   0,18 %
3,33 %   0,36 %   2,00 %
                  0,18 %
0,30 %
3,88 %

9,57 %

79,35 %

- PP
- PE
- PS
- PA
- PVC
- SAN
- PEST
- PU
- ABS
- PLA

Abb. 1: Kunststofftypanteil der gesamten
Mikroplastikproben < 0,5 mm Partikelgröße

damit verschwinden: Die Schadstoffe verbleiben häufig genug auch in Flora und Fauna vor Ort.

Um herauszufinden, wie viel Schadstoffe transportierendes Mikroplastik im Rhein ist, befördern wir auf unserer mehr als 1200 Kilometer langen Strecke alle 100 Kilometer mit einer an der Hochschule Furtwangen gefertigten transportablen Filterpumpe jeweils 1000 Liter Rheinwasser 15 Zentimeter unter der Oberfläche durch ein extrem feines 10-Mikrometer-Metallsieb. Am Alfred-Wegener-Institut in Helgoland und an der HFU haben wir anschließend diese Filter in einem mehrstufigen, langwierigen Prozess aufgearbeitet, bei dem sukzessive alle von unserem Sieb aufgefangenen Begleitmaterialien wie Insekten, Halme, Rindenstücke, Sand, Muscheln etc. durch den Einsatz von Enzymen und Wasserstoffperoxid eliminiert wurden.

Mit Hilfe der Infrarotspektroskopie konnten wir zehn verschiedene Kunststoffe aus dem Filtermaterial abtrennen und detektieren. Die Kunststoffe und ihre Häufigkeit in unseren Rheinwasserproben sind mit ihren Abkürzungen in Abbildung 1 aufgelistet. Es handelt sich um Kunststoffe aus Produkten, die wir täglich gebrauchen, wie unsere Tabelle deutlich macht.

BEZEICHNUNG	KURZ	VERWENDUNG
Polypropylen	PP	Becher, Rohre, Behälter, Maschinen- und Fahrzeugbau, Fahradhelme
Polyethylen	PE	Plastiktüten, Verpackungen, Tuben, Kosmetikbehältnisse
Polystyrol	PS	Dämmung, Isolierung, Verpackung (Styropor)
Polyamid	PA	Kunstfasern (Nylon, Perlon), Textilien (Fleece), Zahnbürsten
Polyvinylchlorid	PVC	Verpackungsfolien, Lebensmittelverpackungen, Schläuche, Bodenbelag, Kabelisolierungen
Styrolacrylnitril	SAN	Schüsseln, Gehäuse, Küchengeräte, Reflektoren, Lichtleiter (Duschabtrennungen)
Polyesterepoxy	PEST	Lacke, Harze, Beschichtungen
Polyurethan	PU	Haushaltsschwämme, Lacke, Dicht- und Klebstoffe, Matratzen
Acrylnitrilbutadienstyrol	ABS	Metallisierte Kunststoffe, Lego-Bausteine, Automobilteile, Snowboards, 3-D-Drucker, Gerätegehäuse
Polylacticacid (auf Milchsäure basierender Biokunststoff)	PLA	Trinkhalme, Verpackungen, Büroartikel
Polyethylenterephthalat	PET	Verpackungen, Plastikflaschen, Folien, Textilfasern

Den größten Anteil an unseren Mikroplastikfunden im Rhein stellt mit rund 80 Prozent das Polypropylen (PP), gefolgt von Polyethylen (PE) mit rund 10 Prozent. Die restlichen 10 Prozent verteilen sich hauptsächlich auf Polystyrol, PVC und ABS. Aufgrund der ermittelten Häufigkeit der Kunststoffe kann keine Massenbilanz über die gesamte Kunststofffracht im Rhein gezogen werden, da wir nur das Oberflächenwasser analysiert haben. Dort, bis 15 Zentimeter unter der Wasseroberfläche, findet man vorzugsweise jene Kunststoffteil-

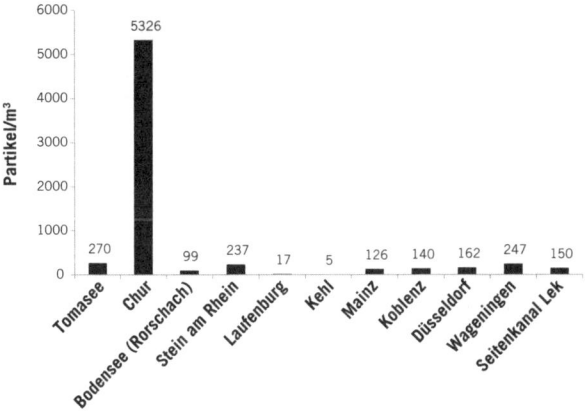

Abb. 2: Mikroplastikverteilung entlang des Rheins

chen, die aufgrund ihrer geringen Dichte – im Fall von PP und PE ist diese sogar kleiner als die des Wassers – an der Wasseroberfläche schweben. Eine Probennahme in größerer Tiefe oder aus dem Sediment würde eine andere Kunststoffverteilung ergeben, zumal die Dichte von PET, bekannt von den PET-Flaschen, die zuhauf an den Staustufen des Hochrheins im Grund des Flusses stecken, mit 1,4 Gramm pro Kubikzentimeter deutlich höher ist als bei PP mit nur 0,9 Gramm pro Kubikzentimeter. Je kleiner die Dichte der Mikroplastikpartikel, desto häufiger findet man sie an der Oberfläche im Aufenthaltsbereich eines Schwimmers.

Der Anteil des Polyamids ist trotz geringer Dichte kleiner als erwartet. Wohl weil Polyamide größtenteils über Textilfasern in die Abwässer gelangen und diese Faserstrukturen sich überall festhaken, z. B. an Fischschuppen, Kiemen, in Fischmägen, an Treibholz und Wasserpflanzen.

Die ermittelte Kunststoffpartikelhäufigkeit entlang des kompletten Rheinverlaufs (Abb. 3) und die ortsspezifische Verteilung (Abb. 2) haben wir so im Vorfeld des Projekts eigentlich nicht erwartet. Beide lassen sich besser verstehen, wenn man die 1231 Kilometer im Rhein selbst geschwommen ist und dabei alle vertikalen und horizontalen

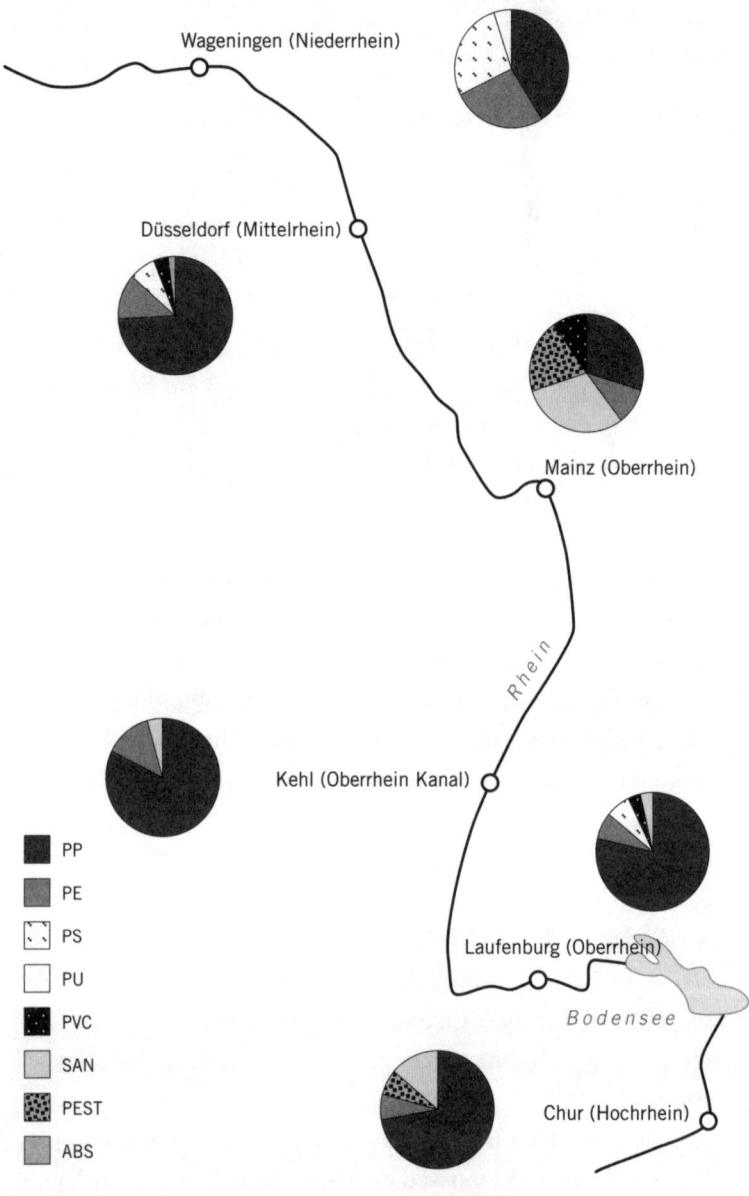

Abb. 3: Anzahl der Mikroplastikpartikel
< 0,5 mm entlang des Rheins

Strömungen gespürt hat. Gerechnet hatten wir damit, dass wir ebenso wie bei Arzneimitteln oder Süßstoffen einen kontinuierlichen Anstieg der Mikroplastikpartikelanzahl parallel zum Anstieg der Population mit jedem Rheinkilometer feststellen. Doch es ergibt sich ein anderer Verlauf:

Im Vorderrhein und im Alpenrhein bleiben keine Kunststoffpartikel am Boden oder im Sediment. Alles, was dort durch die Wildwassermassen weggespült werden kann, wird in den Bodensee als »stehendem Gewässer« eingetragen, wo wir 99 Partikel pro Kubikmeter Wasser messen. Bis zum Auslauf des Untersees in Stein am Rhein steigen Strömung und Turbulenzen stark an. Somit erhöht sich auch die Partikelanzahl auf 237 pro Kubikmeter Wasser. Der extrem hohe Wert im Wildwasser bei Chur zeigt deutlich die Abhängigkeit des Messergebnisses vom Fließverhalten des Rheins. Er ist aber zugleich ein Indiz dafür, wie hoch die Mikroplastikfracht des Rheins über seine gesamte Wassertiefe – nicht nur an der Oberfläche – tatsächlich ist.

Im Kanal von Basel bis zur Schleuse Iffezheim wird mit fünf Partikeln pro Kubikmeter Wasser der kleinste Wert gemessen. Das liegt vor allem an der sehr schwachen Strömung. Ab der letzten Schleuse in Iffezheim bleibt das Gefälle bis zur Mündung annähernd konstant zwischen 0,1 und 0,2 Promille. Auf dieser Strecke ist ein kontinuierlicher Anstieg von 126 auf 247 Mikroplastikpartikel pro Kubikmeter Wasser zu verzeichnen. Es ist auch festzustellen, dass der Anteil der anderen Kunststofftypen neben PP und PE ab Mainz zunimmt. Das kann zwei Gründe haben: Entweder ist der Eintrag dieser Kunststofftypen durch die Abwassereinleitungen angestiegen, oder der Mahleffekt des Rheins hat Makroplastik zu Mikroplastik transformiert. Außerdem ist in diesem Teilabschnitt des Mittelrheins die Strömung im Vergleich zum Kanal zwischen Basel und Karlsruhe stärker und nicht durch Schleusen unterbrochen.

Wollte man anhand der vorliegenden Untersuchung allein der oberflächennahen Rheinwasserschicht einen groben Anhaltspunkt darüber erhalten, welche Mikroplastikfracht jährlich in die Nordsee strömt, käme man auf ein Minimum von acht Tonnen. Hierbei gehen wir von einer durchschnittlichen Partikelanzahl von 200 pro Kubikmeter Wasser, einem Abflussvolumen von 2500 Kubikmeter Wasser pro Sekunde, so wie es sich im August 2014 dargestellt hat, und einem Partikeldurchmesser von 500 Mikrometern (Dichte etwa ein Gramm pro Kubikzentimeter und Kugelgestalt) aus. Die so errechnete jährliche Mikroplastikfracht des Rheins von acht Tonnen ist die untere Grenze. Dass es durchaus ein Vielfaches davon sein kann, zeigt das Ergebnis unserer Probe aus Chur.

Wie viele Tonnen pro Jahr es auch sein mögen, die Verschmutzung unserer Gewässer mit Mikroplastik stellt ein unterschätztes Gefahrenpotential dar. Es ist bekannt, dass Mikroplastikpartikel aufgrund ihrer Eigenschaften wie ein Magnet auf organische Schadstoffe wie beispielsweise PFTs wirken. Da die Kleinstkunststoffteile bei Wasseranalysen normalerweise aber herausgefiltert werden, damit diese die Untersuchungsinstrumente nicht beschädigen, werden die an ihnen haftenden Schadstoffe nicht erfasst. Sie umgehen die Analytik. Das heißt, die Menge an PFTs und an anderen Spurenstoffen, die in Kläranlagen nicht vollständig eliminiert wurden, ist in Wirklichkeit höher, als es uns unsere gängigen Wasseranalysen offenbaren. Wie groß diese Diskrepanz ist, differiert je nach Art, Menge und Oberflächenstruktur der Mikroplastikfracht und dem Verteilungsgleichgewicht.

Aber worum geht es eigentlich genau, wenn von Mikroplastik die Rede ist? Wo wird es verwendet, und wie gelangt es überhaupt in Gewässer? Plastikpartikel werden der Größe nach wie folgt eingeteilt: Makroplastik (Partikel > 25 Millimeter), Mesoplastik (Partikel zwischen 5 und 25 Millimeter), großes Mikroplastik (Partikel zwischen ein und fünf Millimeter) und kleine Mikroplastikpartikel (kleiner als ein Millimeter Partikeldurchmesser).

Man unterteilt die Kleinstkunststoffteilchen weiter in primäres und sekundäres Mikroplastik. Zu primärem Mikroplastik zählen kleinste Plastikpartikel im Mikrometerbereich, sogenannte »Microbeads«. Diese Kunststoffformkörper werden von der Industrie zur Weiterverarbeitung produziert. Kleinste Plastikteilchen finden Verwendung in der Kosmetikindustrie, werden Pflegeprodukten wie etwa Duschgel, Waschpeelings, Make-up oder Zahnpasta hinzugegeben. Viele Zahnpasta-Hersteller haben mittlerweile aufgrund der »unsichtbaren Gefahr« auf den Einsatz von Mikroplastik in ihren Produkten verzichtet. Dieser Teilerfolg ist sicher auch ein Verdienst des Bundes für Umwelt und Natur in Deutschland (BUND), der auf seiner Webseite www. bund.net/mikroplastik Produkte, die Mikroplastik enthalten, auflistet und damit deren Hersteller als »Umweltsünder« anprangert. Die Liste ist aber auch für Verbraucher eine praktikable Entscheidungshilfe, wenn es um umweltbewussten Konsum geht.

Einige Firmen setzen alternative Feststoffe mit den gleichen Effekten ein. An einer Alternative zu »Microbeads« forscht zudem derzeit das Fraunhofer-Institut für Umwelt-, Sicherheits- und Energietechnik UMSICHT. Die Fraunhofer-Forscher stellen im Hochdruckverfahren kleinste Partikel aus Biowachs her. Die kaltgemahlenen Partikel entsprechen in Form und Größe den klassischen »Microbeads«. Dadurch können diese bedenkenlos in Hygiene- und Pflegeprodukten eingesetzt werden. Andere Naturprodukte wie beispielsweise zermahlene Walnussschalen oder Traubenkerne erzeugen ebenfalls einen abrasiven Effekt, wie er für Peelings benötigt wird.

Neben Kosmetikprodukten werden feinste Plastikpartikel aus Polyethylen etwa auch zur Luftdruckreinigung eingesetzt, um Schmutz und Rost zu entfernen. In der Medizin kommen kleine Plastikpartikel als Vektoren für diverse Wirkstoffe zum Einsatz. Und bei der Herstellung von Prototypen in Form von Polyamidpulver, welches mittels eines positionsgesteuerten Laserstrahls zu einem dreidimensionalen Bauteil zusammengeschmolzen wird.

Sekundäres Mikroplastik entsteht durch den Zerfall von Makroplastik. Größere Plastikteile werden durch physikalische (mechanischer Abrieb), chemische (UV-Oxidation) oder biologische Prozesse (Abbau durch Mikroorganismen) in immer kleinere Bestandteile zersetzt. Sekundäres Mikroplastik kann auch bei einer unvollständigen Verbrennung entstehen, zum Beispiel durch das Verbrennen von Windeln im Kamin – nach Auskunft meines Schornsteinfegers gibt es tatsächlich Menschen, die so etwas tun. Neben der Oxidation und vollständigen Verbrennung zu Kohlendioxid enthält der Rauch der Brandwolke Plastikpartikel, die in die Atmosphäre geschleudert werden. In Müllverbrennungsanlagen werden diese Partikel durch Rußfilter aufgefangen. Es ist nicht auszuschließen, dass Mikroplastikpartikel bei Bränden, an Rußteilchen anhaftend, in die Luft geschleudert werden. Wie sonst ließe sich erklären, dass auch in zivilisationsfernen Gewässern wie der Rheinquelle im Tomasee Mikroplastikpartikel gefunden werden?

Die mechanische Zersetzung von Kunststoffflaschen habe ich im Rhein gewissermaßen selbst gehört, zumindest das Geräusch, wenn der Kies laut über den Grund schabt. Kies, Sand und Gesteine sind härter als Kunststoffe, trotz deren Glasfaseranteilen von bis zu 40 Prozent. Wenn Felsbrocken aus den Alpen bis zum Strand in Hoek van Holland zu feinem Sand zermahlen werden, kann man sich gut vorstellen, was mit dem Kunststoff auf seinem Weg zum Meer passiert.

Eine chemische Zersetzung kann durch Sauerstoffeinwirkung (Oxidation), UV-Strahlung oder durch eine Reaktion mit Wasser (Hydrolyse) erfolgen. Der aggressive Sauerstoff greift als Diradikal beispielsweise ungesättigte Verbindungen wie Polybutadien an. Die energiereiche UV-Strahlung führt zum Aufbrechen von kovalenten Bindungen. Polyamide, Polyester oder Polyether können je nach pH-Wert des Wassers, mit dem sie in Berührung kommen, früher oder später in kürzere Fragmente hydrolysiert werden. All die genannten Reaktionen führen zu einer Versprödung der Polymere. Die Kunststoffe werden mit der Zeit brüchig und fallen, oft durch mechanische Einwirkung unterstützt, in kleinere Teile auseinander.

Auch Bakterien können Kunststoffe zersetzen. Dies lässt sich natürlich auch kontrolliert zur Reduktion von Kunststoffabfällen einsetzen. Das Institut für Molekulare Mikrobiologie und Biotechnologie der Westfälischen Wilhelms-Universität Münster beschäftigt sich zum Beispiel mit dem mikrobiellen Abbau synthetischer Polymere.

Wie kommt nun das Mikroplastik in die Gewässer? Auf zweierlei Weise: direkt oder indirekt. Direkt vor allem in der kommerziellen Schifffahrt, in der Fischerei oder auch durch die Folgen von Tourismus. Quellen direkter Mikroplastikverunreinigungen sind zudem Granulate aus der Kunststoffproduktion, die während der Herstellung oder beim Transport versehentlich in die Umwelt gelangen. Dies belegen mehrere Funde von Granulaten an Meeresstränden. In den Meeren machen nicht mehr gebrauchte oder abgerissene Fischernetze den größten Anteil an gefundenem Plastikmüll aus. Sogenannte »Geisternetze« verbleiben am Grund der Gewässer und fangen weiter Fische, nachdem sie versenkt worden oder verloren gegangen sind.

Zur indirekten Eintragung von Mikroplastik in ein Gewässer kommt es häufig durch die erwähnte Nutzung von mikroplastik-belasteten Hygiene- und Pflegeprodukten. Durch den häuslichen Gebrauch der genannten Produkte gelangen Plastikpartikel über das Abwasser in die Kläranlage. Da in den Kläranlagen eine zureichende Filterung momentan noch nicht umsetzbar ist, gelangen diese Plastikteilchen fast ungehindert in unsere Flüsse und Seen. Aber auch Textilfasern aus Polyester landen bei jedem Waschvorgang im Abwasser. Eine wissenschaftliche Studie aus dem Jahr 2011[1] zeigte, dass pro Kleidungsstück etwa 1900 Kunststofffasern freigesetzt werden.

Plastiktüten und Plastikflaschen tragen ebenso zur Belastung unserer Gewässer mit Mikroplastik bei. Sie gelangen entweder direkt in ein Gewässer, wo durch die beschriebenen Prozesse die Makroplastik zu kleinsten Partikeln zerfällt. Oder ihr Kunststoff zersetzt sich bereits an Land, wo die kleineren Partikel ins Grundwasser versickern und auf diese Weise ins Wasser gelangen. So fanden Forscher etwa kleinste Plastikfasern in Klärschlamm, der in der Agrarwirtschaft als Düngemittel für die Felder eingesetzt wird.[2] So kommen Agrarprodukte in direkten Kontakt mit Mikroplastik, oder Regen führt zu einer Versickerung der Teilchen auf den Feldern. Extreme Wetterbedingungen sind ebenfalls für den Eintrag von Plastikpartikeln verantwortlich. Starke Regenfälle spülen die Partikel über die Kanalisation in die Gewässer. Stürme und starke Winde befördern feinste Partikel in bodennahe Schichten der Erdatmosphäre.

Unlängst sorgte zudem eine ARD-Reportage in der Sendung »Kontraste« am 18.06.2015 für einiges Aufsehen: Vielfach landen Kunststoffe als Teil von Nahrungsmittelverpackungen im Biomüll und Kompost – so etwa bei der Fermentation abgelaufener Obst- oder Gemüseprodukte aus Supermärkten. Vor ihrer Zerkleinerung werden sie nicht sorgfältig genug oder gar nicht von ihren Kunststoffverpackungen befreit. Bei der Verarbeitung des Komposts zu Dünger für die Landwirtschaft wird er zur Homogenisierung geschreddert und dann ausgebracht. Der Kunststoff wird mitgeschreddert und landet ebenfalls auf den Äckern. Da Bauern ihren Dünger am liebsten vor einem Regenereignis ausbringen, damit er mit dem Regen gut in den Boden eindringt, besteht dadurch natürlich die Gefahr, dass die leichten Kunststoffpartikel mit dem Oberflächenwasser abfließen, ohne dabei eine Kläranlage zu passieren.

Die Auswirkungen von Mikroplastik auf die Flüsse und Seen sind bisher noch weitgehend unerforscht. Zahllose Untersuchungen an marinen Ökosystemen und deren Bewohnern zeigen jedoch deutlich, welche Folgen Mikroplastik haben kann.

Um deutlich zu machen, welche Gefahren damit verbunden sein können, ist es wichtig zu klären, wie Kunststoffe aufgebaut sind und welche vielfältigen Eigenschaften Plastik besitzt. Kunststoffe werden in Thermo-, Endo- und Duroplasten eingeteilt. Thermoplasten sind linear angeordnete Kohlenstoffketten, bestehend aus Tausenden aneinandergereihten Monomeren. Dieser Kunststoff wird formbar und schmilzt bei erhöhten Temperaturen. Thermoplasten sind der am häufigsten eingesetzte Kunststofftyp. Da sie aufgrund der schwachen physikalischen Bindungen wenig bis gar nicht verzweigt sind, zersetzt sich ihr Kunststoff durch äußere Einflüsse am schnellsten. Neben Thermoplasten existieren vernetzte Makromoleküle: Weniger

Aus dem Oberflächenwasser des Rheins herausgefiltert

vernetzte Kunststoffe sind elastisch, man ordnet sie den Elastomeren zu; stark vernetzter Kunststoff ist hart und widerstandsfähig, er wird Duroplast genannt.

Um Kunststoffe in ihren Eigenschaften zu verbessern, werden ihnen in der Produktion Additive hinzugegeben. Dazu zählen Weichmacher, Farbstoffe, UV-Stabilisatoren, Flammschutzmittel und weitere Inhibitoren. Einige der Zusatzstoffe sind toxisch. Phthalate – Weichmacher – werden unter anderem in Lebensmittelfolien oder Kosmetika eingesetzt. Daneben finden sich andere Schadstoffe wie zum Beispiel Bisphenol A oder Nonylphenol in vielen Kunststoffprodukten. Gelangt Plastik in ein Gewässer, beginnt die Zersetzung. Physikalische, chemische und biologische Prozesse zersetzen den Kunststoff in immer kleinere Fragmente. Da Additive nicht chemisch an den Kunststoff gebunden sind, laugen sie aus oder trennen sich beim Zersetzungsprozess vom Kunststoff und werden an die Umgebung abgegeben. Geschieht dies in einem Gewässer, können dadurch die darin lebenden Organismen Schaden nehmen.

Eine weitaus größere Gefahr für die Wasserbewohner ist allerdings nicht der Zersetzungsprozess selbst, sondern das Endprodukt. Mikroplastik kann von verschiedenen Organismen aufgenommen werden, weil diese – wie beispielsweise Fische – kleinste Plastikfragmente mit ihrer Nahrung verwechseln. Eine Untersuchung zehn verschiedener Fischarten im Ärmelkanal aus dem Jahr 2013 hat bei 36,5 Prozent der insgesamt 504 gefangenen Fische Mikroplastik im Magen-Darm-Trakt der Tiere nachgewiesen. Möglich ist auch, dass die Nahrung der Fische selbst bereits Mikroplastik enthält, denn wie Wissenschaftler herausgefunden haben, nimmt auch schon Zooplankton – in der Regel das unterste Glied der Nahrungskette von Meereslebewesen – kleinste Plastikpartikel mit einem Durchmesser von 1,7–30,6 Mikrometer auf. Auch wir finden bei unseren weiteren Forschungen im Magen von Rheinfischen Polyamidfasern – vermutlich von Textilien – sowie Mikropartikel aus Polypropylen und Polyethylen.

Die Aufnahme von Mikroplastik kann bei den Tieren wiederum zur Verstopfung des Magen-Darm-Traktes führen, oder diese verspüren bei einer Anhäufung von Plastik in ihren Verdauungsorganen ein »scheinbares« Sättigungsgefühl. Nicht nur Fische, sondern auch Reptilien, Vögel und Säugetiere sind durch die Aufnahme von Mikroplastik gefährdet. In einer Langzeitstudie zu Seevögeln im Mittelmeerraum fand man im Zeitraum von 2003 bis 2010 fast bei jedem Tier Mikroplastik im Magen. Von 44 Prozent aller bisher untersuchten Seevogelarten weiß man, dass sie Plastik durch ihre Nahrung aufnehmen. Wie viele Fische, Säugetiere und Vögel jährlich durch die Aufnahme von Plastik sterben, ist nicht bekannt. Man geht aber davon aus, dass es sich weltweit um eine Zahl im Millionenbereich handelt.

Grundsätzlich ist anzunehmen, dass eine fortschreitende Zerkleinerung von Plastik in den Gewässern die Wahrscheinlichkeit der Aufnahme von Mikroplastik durch die dort lebenden Organismen erhöht. Beispielsweise zeigten Untersuchungen an Miesmuscheln (*Mytilus edulis*), dass Mikroplastikpartikel (80 Mikrometer im Durchmesser) in deren Zellen und sogar Zellorganellen gelangen und dort zu schweren pathologischen Veränderungen der Organe führen. Mikroplastikpartikel können wiederum Schadstoffe wie Additive und sogar Schwermetalle adsorbieren. Da sich die Oberfläche der Partikel durch den andauernden Zersetzungsprozess vergrößert, nimmt die Adsorption chemischer Schadstoffe zu. Eine Untersuchung von Plastikgranulaten aus Polyethylen aus dem Jahr 2001,[3] welche an der

Küste Japans gefunden wurden, wies hohe Konzentrationen an PCB, DDE und Nonylphenol auf den Plastikteilen nach: allesamt organische Giftstoffe mit zum Teil krebserregender Wirkung. In einem Experiment mit vergleichbaren Granulaten in Seewasser stellten die japanischen Forscher fest, dass sich durch den Zersetzungsproress im Salzwasser die Konzentration der Schadstoffe innerhalb der Plastikgranulate deutlich erhöhte.

Nehmen also Tiere Mikroplastik zu sich, ist dies mit dem Risiko verbunden, dass die an den Kunststoffpartikeln befindlichen Schadstoffe an die Tiere abgegeben werden. Tatsächlich zeigt eine 2009 veröffentlichte Studie,[4] dass aufgenommene Schadstoffe von Plastikpartikeln auf Organismen übertragen werden. In einem Experiment an Weißgesicht-Sturmtauchern (*Calonectris leucomelas*) haben Forscher festgestellt, dass nach der Aufnahme kontaminierter Mikroplastikpartikel Schadstoffe sequenziell an den Körper der Seevögel abgegeben werden.[5] In einer Untersuchung der Auswirkungen von Additiven auf die Entwicklung und die Reproduktivität von marinen Fischen, Krebstieren, Weichtieren und Amphibien stellte sich heraus, dass Phthalate und Bisphenol A einen negativen Einfluss auf manche Lebewesen haben können; allerdings zeigten nicht alle untersuchten Arten negative Veränderungen. Bei Schwertfischen (*Xiphias gladius L.)* fand man bei einem Viertel der 162 untersuchten Fische intersexuelle Ausprägungen. Ebenso wurden weibliche Eisbären dokumentiert, welche zusätzlich rudimentäre männliche Geschlechtsorgane ausgeprägt hatten. Man vermutet, dass das Hormonsystem der Tiere durch synthetisch hergestellte Pestizide gestört wurde.

Da entsprechende Langzeitstudien noch fehlen, lassen sich nur Vermutungen über die Auswirkungen auf den Menschen anstellen. Es ist jedoch zu befürchten, dass im Plastik enthaltene Additive, Phthalate oder Bisphenol A das Hormonsystem und andere biologische Mechanismen des menschlichen Körpers schädigen können, wenn sie über die Nahrungskette dorthin gelangen.

Durch den Verzehr von Fischen und anderen Meeres- und Flussbewohnern kann Mikroplastik tatsächlich auch vom Menschen aufgenommen werden und stellt daher eine große Gefahr dar. Mittlerweile haben Forscher Mikroplastik sogar in Lebensmitteln nachgewiesen – so etwa auch im Bier. In einer Untersuchung fanden sich in allen 24 getesteten Biersorten unterschiedlicher Hersteller mikroskopisch kleine Plastikfragmente.[6] Die Anzahl der Teilchen schwankte pro Biersorte zwischen 5 und 79 pro Liter Bier.

All dies zeigt: Die Belastung der Umwelt mit Mikroplastik ist inzwischen ein Problem, das riesige Ausmaße angenommen hat. Im Jahr 2050 – also in nur 35 Jahren – könnte nach einer Anfang 2016 publizierten Prognose der Ellen MacArthur Foundation die Menge an Plastik in unseren Ozeanen die Menge an Fisch übersteigen. Dazu trägt auch die Mikroplastikfracht bei, die der Rhein Tag für Tag in die Nordsee transportiert. Aus meiner Sicht gibt es drei Möglichkeiten, um ganz konkret die Belastung des Rheins mit Mikroplastik zu reduzieren:

– Die Umstellung aller Kosmetikprodukte auf Mikroplastikfreiheit durch den Einsatz von biologisch abbaubaren Naturprodukten. Entsprechende gesetzliche Vorgaben zum Verbot von Mikroplastik in Kosmetika, wie es sie inzwischen etwa in den USA, Kanada und den Niederlanden gibt, wären sehr hilfreich.

– Dem Rhein einfach kein Mahlgut (Makroplastik) zur Verfügung stellen. Hier muss man beim Verbraucherbewusstsein ansetzen und über die Auswirkungen einer nicht sachgerechten Entsorgung Aufklärungsarbeit leisten.

– Eintrag über Oberflächengewässer vermeiden, beispielsweise durch mit Plastik belasteten Dünger, indem Verwertungsstrategien von Abfällen konsequent bis zum Ende durchgedacht werden. Kurz: Kunststoffe haben im Biomüll nichts zu suchen.

Es hat die ganze Nacht lang durchgeregnet. Der Sommer hat sich bis zur Zielankunft an der Nordsee erst einmal verabschiedet. Dass es tatsächlich so sein wird, ahne ich an diesem Morgen noch nicht, und das ist auch gut so.

Nach dem Frühstück begleitet mich Carsten Tessmer zu Fuß über die Straßen zum Rheinufer, das glücklicherweise nur etwa 100 Meter von der Jugendherberge entfernt ist. Dort wartet ein Kamerateam auf uns, das einen Beitrag für Arte drehen wird. Wir machen Aufnahmen und ein Interview im Nieselregen, wobei ich wenigstens bis zu den Füßen ins Wasser steigen soll. Eigentlich will ich spätestens um 10 Uhr starten. Doch das TV-Team will auch noch meinen Start vom Motorboot aus filmen, das heißt, sie müssen zuerst zum Sportboothafen durch den Düsseldorfer Verkehr. Ich warte so lange am Ufer mit Carsten. Um warm zu bleiben, ziehe ich alle verfügbaren Kleidungsstücke über den Neoprenanzug. Nichts erinnert an diesem Morgen an Sommer: Mir ist kalt, und das Warten macht mich nervös. Gemeinsam beschließen wir beim Warten, dass wir den Medien gegenüber keine Zugeständnisse mehr machen werden, die den Projekterfolg in Frage stellen können. In puncto Medienaufmerksamkeit hat »Rheines Wasser« schon jetzt mehr erreicht, als wir uns vor dem Start erhofft haben. Sosehr wir uns auch über jeden einzelnen Artikel und Beitrag freuen, gilt es jetzt, so kurz vor dem Ziel, sich voll und ganz auf das Schwimmen zu konzentrieren. Zumal ich auch merke, dass meine Kräfte nach fast 1000 Kilometern im Wasser langsam zu schwinden beginnen.

Um 11 Uhr geht es endlich los. Mit einem Hechtsprung stürze ich mich in den Rhein. Die ersten 15 Kilometer laufen gut, dann wird es kälter. Ein kräftiger Wind, zum Teil Windstärke 6, in Kombina-

Nicht überall ist der Rhein romantisch: Schwimmen
vor der Industriekulisse des westlichen Ruhrgebiets

tion mit starken Regenschauern und viel Schiffsverkehr im Ruhrpott
sind die Begleitumstände meiner heutigen Etappe. Ich esse immer
nur kurz etwas am Kajak, um nicht auszukühlen. Dadurch nehme
ich wahrscheinlich insgesamt zu wenig zu mir, aber ich will auf keinen Fall mehr so frieren wie gestern. Die hohen Wellen machen nicht
nur mir, sondern auch den Paddlern zu schaffen. Die Bilderbuch-
landschaft des romantischen Mittelrheins hat der Industrie Platz gemacht. Die raumgreifenden turmhohen Industrieanlagen mit rau-
chenden Schloten von Kohlekraftwerken über ThyssenKrupp und die
Mannesmann-Stahlwerke bis zu den Fabriken des Bayer-Konzerns bei
Uerdingen sorgen für eine beeindruckende und zugleich auf gewisse
Weise auch bedrohliche Kulisse.

Ein mit hoher Geschwindigkeit kurz hinter der Ruhrmündung aus
einem Seitenhafen in Duisburg herausfahrendes riesiges Binnenschiff
sorgt für eine Schrecksekunde. Gerade noch rechtzeitig vor einer Kollision mit uns dreht es ab. Der Pott war so groß und stand quer in
der Fahrtrichtung, dass wir so schnell keine Ausweichmöglichkeit gefunden hätten. In den Biegungen des Rheins ändere ich ständig die

Richtung: so dass ich zeitweise frontal gegen Wind und Wellen ankämpfen muss, dazu noch die Filmerei vom eigenen Boot, das mir nahe, manchmal zu nahe auf die Pelle rückt. Seit einigen Stunden ist das Kamerateam jetzt schon dabei.

Als ich an der Emscher Mündung vorbeikomme, erzählt mir Klaus, dass sie in den 1960er Jahren die Ruhrkloake war. Ich denke an Schwermetalle im Fluss und entscheide, dass wir hier eine Probe nehmen. Die 60 Kilometer der heutigen Etappe ziehen sich zäh dahin, aber was bleibt mir anderes übrig, als zu schwimmen. Denn die Alternative ist auch wenig attraktiv: Wenn ich an Land gehe, erfriere ich, bis mich jemand findet und abholt, zumal der Zugang zum Ufer über die abgesicherten Industrieanlagen nicht so leicht möglich sein würde. Das Boot ist der Witterung noch stärker ausgesetzt und wird von den Wellen hin und her geworfen. Mir ist übel, und ich habe Kopfschmerzen.

Ich zähle jeden der letzten 20 Kilometer bis zum Kraftwerk in Götterswickerham, an dem zwei Tage zuvor beim Hochwasser leider wieder zwei Menschen im Rhein ertrunken sind. Das, was ich hier tue, hat wirklich nur noch wenig mit dem Schwimmen zu tun, das man aus dem Freibad kennt. Lange Frachtschiffe schleppen sich gegenseitig in Verbänden hinter- und nebeneinander am Kraftwerk vorbei und zwängen sich in die Kurve. Manchmal bedecken sogar drei nebeneinander die Wasserfläche. Gegen die Kopfschmerzen könnte ich etwas essen, habe aber Angst, anzuhalten und, bewegungslos am Kajak hängend, von einer anderen heftigeren Reaktion meines Körpers überrascht zu werden.

10 Kilometer vor dem Ziel bekommen wir Besuch von zwei Schlauchbooten, die uns dankenswerterweise helfen, das Filmteam an Land überzusetzen. Den Ausstieg in Götterswickerham sehe ich erst spät und muss daher noch eine starke Seitfähre gegen die Strömung machen. Das klappt, und die versammelten Leute auf dem schmalen Fußweg direkt vor dem Restaurant »Zur Arche« freuen sich mit mir über meine Ankunft.

Kämpfen statt gleiten, um im Gegenverkehr voranzukommen

Für die Nacht ziehe ich wegen einsetzender Magen-Darm-Probleme ein großes warmes Bett im Hoteldoppelzimmer, wenn auch geteilt mit meinem Vater, einer Übernachtung mit der eigenen Familie im Wohnmobil vor. Ich gönne mir den Luxus eines Bades in unmittelbarer Bettnähe. Außerdem können meine Sachen dort besser trocknen.

Mitten in der Nacht werde ich von Schlägen auf die Wangen geweckt. Es ist mein Vater, der sich noch mit Klaus und Martin an der Hotelbar einen Schlummertrunk genehmigt hatte. Als er eine halbe Stunde nach mir ins Zimmer kommt und mich ohne sichtbare Atembewegungen im Bett liegen sieht, hat er sich erschreckt und musste sich tatkräftig vergewissern, dass ich noch lebe. Ich tue es offensichtlich und falle sofort wieder in den Tiefschlaf.

Rechnet man die von der offiziellen Rheinkilometerzählung nicht erfassten 200 Kilometer vom Tomasee bis nach Konstanz hinzu, bin ich inzwischen über 1000 Kilometer im Rhein geschwommen. Viel fehlt nicht mehr bis zum Salzwasser. Die Sonne scheint endlich einmal wieder bei strahlend blauem Himmel, doch sommerlich warm ist es nicht. Bei einer Wassertemperatur von kalten 18 Grad Celsius genieße ich jeden Sonnenstrahl. Nach zwei Stunden mischen sich die ersten Wolken in das Blau des Himmels.

Vorbei an Wesel und dem Zulauf der Lippe, passiere ich eine Stunde später Xanten. Hier wirkt der Rhein breiter als zuvor. Trotz Strömung fühle ich mich wie in einem See, dessen Ufer nur sehr flach ansteigen, weshalb eine Begrenzung kaum zu erkennen ist. Nach 24 Kilometern ist endlich wieder eine Stadt in Sicht. Ich schwimme an der Stadtmauer entlang, in mannshohen weißen Großbuchstaben ist »REES« zu lesen. Am Geländer über der Mauerbefestigung stehen viele Menschen, alle herbstlich gekleidet mit Pullover und Jacken. Ich bin in den Herbst geschwommen, und das im August.

Es sind nur noch 15 Kilometer bis nach Emmerich, der letzten Stadt am Rhein auf deutschem Boden. Doch bis dahin soll es eine Schinderei werden, schlimmer als am Vortag. Die Wellen und der Wind werden langsam zur Qual. Nach einer Phase, in der mir die Wellen frontal entgegenkommen und ich mit dem Arm schon in die Wellenberge krache, kaum dass der Ellbogen auf Kopfhöhe ist, folgt irgendwann ein Richtungswechsel der Wellen durch den abbiegenden Fluss. Diese abgeschwächte Variante empfinde ich schon als Erholung, obwohl auch da kein Gleiten und keine ökonomische Schwimmtechnik möglich sind.

Trotz der Wassergewalten versetzt mich der Anblick des Kernkraftwerks Kalkar, das aufgrund sicherheitstechnischer und politischer Be-

Boot, Paddler, Schwimmer: die klassische Anordnung
unserer Rhein-Reise

denken seit seiner Fertigstellung 1985 nie in Betrieb gegangen ist, ins
Staunen. Ein bunt bemalter Kühlturm am linken Ufer des Nieder-
rheins zieht meine Aufmerksamkeit auf sich. Im gleichen Moment,
als ich den Turm durch meine Schwimmbrille fokussiere, schiebt sich
drehend ein Kettenkarussell aus seinem Inneren heraus. Klaus klärt
mich auf, dass wahr ist, was ich sehe: Das Kernkraftwerk ist zu einem
Freizeitpark, zum »Wunderland Kalkar«, kreativ umfunktioniert worden. Prima Idee, leider nicht anwendbar auf die anderen abgeschalteten und im Zuge der Energiewende noch abzuschaltenden Kraftwerke mit ihrer Strahlenbelastung.

Unter dunklen Wolken und nach nicht enden wollenden Strapazen
kommt Emmerich am Ende einer langen Geraden endlich zum Vor-
schein. Kirchtürme und Schornsteine sind von weitem zu erkennen.
Ich habe noch ein kleines Stück vor mir, schwimme an der langen
Hafenmauer vorbei, rechts unter der Straßenbrücke bei Kilometer

Ankunft in Emmerich vor Deutschlands längster Hängebrücke

853 sehe ich eine kleine Menschengruppe und zwei Fahnen im Wind flattern. Auf den letzten 500 Metern wird es deutlich dunkler, und es beginnt wie aus Kübeln zu schütten. Es ist genau 17:15 Uhr, als ich fast zeitgleich mit dem Regen wenige Meter vor der mit 803 Metern längsten einen Fluss überspannenden Hängebrücke Deutschlands ankomme. Alle Anwesenden, darunter heute sogar eine Kamera-Crew vom größten arabischen Fernsehsender Al Jazeera, die Teammitglieder und meine Familie, sind ganz so wie ich nass bis auf die Socken.

Die Reporter von Al Jazeera verpacken ihr Mitgefühl bezüglich meiner »Tour der Leiden« in die Frage: »Is it worth to do it? – Ist es das alles wert?« Ich hatte nur ganz, ganz selten Zweifel daran, auch nicht nach der strapaziösen Emmerich-Etappe. Inzwischen sind wir auch schon viel zu dicht am Ziel, als dass grundsätzliche Fragen nach der Sinnhaftigkeit unseres Vorhabens in den Köpfen aller Beteiligten Platz fänden. Vielleicht hat mich sogar meine Arbeit in der Wissenschaft genauso wie der Ausdauersport Leidensfähigkeit gelehrt. Mit Tiefschlägen lernt man auch dort umzugehen, man braucht einen langen Atem bis zum Ziel, das sich zu Beginn eines Projekts oder einer Forschungsarbeit häufig noch gar nicht abzeichnet. Das Projekt »Rheines Wasser« ist für mich ebenfalls Neuland, wissenschaftliches und körperliches.

Am folgenden Morgen ist von den widrigen Bedingungen des vergangenen Tages nichts mehr zu sehen. Die Sonne steigt über dem Horizont auf, die Nebelschwaden über dem Wasser lichten sich langsam. Ein herrlicher Start in den Tag, der alles zuvor fast vergessen lässt. Wir fahren mit dem Boot zurück bis zur Emmericher Brücke, verlieren dabei einen Fender, der nur mit einem Webleinsteg an der Reling festgemacht war, ein Knoten, der, wie ich seit meinem Bootsführerschein weiß, nicht für die Dauer und schon gar nichts für wechselnde Kräfte im Fahrtwind ist. Wir drehen und retten den Fender. Mich zieht es heute nicht ins Wasser, daher macht mir die Verzögerung wenig aus.

Am Ende hilft es nichts, ich springe in den Fluss, und mein erster Eindruck ist: »Gar nicht so kalt.« Immerhin habe ich heute zwei Bademützen und zwei Neoprenanzüge übereinander an. Es war schwierig, den zweiten über den ersten zu ziehen. Ich fühle mich wie in einer Ritterrüstung. Dennoch bin ich heilfroh, dass ich ihn in Mannheim nicht zerstückelt habe, um einen Nackenschutz daraus anzufertigen.

Nach 10 Kilometern schwimme ich an der ersten holländischen Stadt, Tolkamer, vorbei. Über Twitter begrüßt mich die holländische Botschafterin in Berlin, Monique van Daalen, im niederländischen Königreich. Nach etwa 25 Kilometern teilt sich der Rhein in die Waal, den größten Rheinarm, und über den Pannerdens-Kanaal in den Neder-Rijn. Ich nehme die Abzweigung in den schmalen und flachen Niederrhein, den die größten Pötte nicht befahren dürfen. Für die stärker strömende Waal gibt es keine Genehmigung für Schwimmer. Außerdem hat Klaus Pechstein vor 45 Jahren die gleiche Abzweigung nach rechts eingeschlagen.

Für diese Entscheidung werde ich auch durch die reizvolle Landschaft entlang des Flusslaufs belohnt. Die Agglomeration von Indus-

Oben: Kein Bilderbuchsommer: endlich mal wieder besseres Wetter
Unten: Der Niederrhein: leider nur eine visuelle Erholung
nach den Industrieanlagen

trieanlagen am Rheinufer des westlichen Ruhrgebiets ist verschwunden. Zu beiden Seiten flache und grüne Uferlandschaften mit frei laufenden Kühen, Schafen und Pferden, hier und da sogar alle zusammen auf denselben, bis zum sandigen Ufer reichenden Wiesen, wo die Tiere Wasser trinken, dazwischen einige historische und in Betrieb befindliche Windmühlen. Auf einem flachen Damm am rechten Ufer begleitet mich ein stolzer schwarzer Hengst eine lange Zeit galoppierend.

An der nächsten Abzweigung im Wasser, etwa acht Kilometer nach Nijmegen, muss ich mich der Beschilderung nach links halten und dem Neder-Rijn weiter folgen, anstatt in die kleinere Geldersche Ijssel abzubiegen. Kurz darauf passiere ich schon Arnheim entlang einer Kette alternder und moderner Hausboote. Die Fensterflächen

Malerische holländische Windmühlen

zur attraktiven Wasserseite sind so groß, dass ich ohne Mühe einen Blick in die Wohnzimmer werfen kann. Es sind einige edel ausgestattete »Wasser-Villen« dabei, die ich sofort beziehen würde. Die Hausboote sind an allen vier Ecken an langen rostigen Stahlpfeilern lose fixiert, sodass sie sich mit dem Wasserspiegel heben und senken können, ohne davonzuschwimmen.

Während ich die individuell gestalteten Hausboote bewundere, hat der Rest unseres Teams die Zelte in Emmerich abgebaut und auf dem Campingplatz in Wageningen das nächste Nachtlager eingerichtet. Ein Brötchen kauend, erreiche ich die erste Schleuse seit Iffezheim. Es ist gerade noch ein Pegelunterschied von ein, zwei Metern, die in der Schleuse zu überwinden sind. Das geht auch wegen des geringeren Verkehrsaufkommens deutlich schneller als an den Schleusen in der Waal und im Oberrhein. Das Eintauchen nach dem Aufenthalt in der Schleuse weckt mich abrupt aus meiner Trägheit. Ich muss wieder aktiv etwas tun, um nicht auszukühlen. Dass ich zwei Anzüge trage, spüre ich nicht mehr. Am Morgen ist es gewöhnungsbedürftig gewesen, gegen dieses einengende Gummi-Korsett anzukämpfen. Der Druck der zwei eng anliegenden Gummischichten auf den Oberkörper ist unangenehm gewesen, da ich ständig das Gefühl hatte, meine Lungen nicht voll genug zu bekommen.

Auf den letzten Kilometern bis zum Etappenziel gesellen sich noch zwei niederländische Paddler zu uns. Sie geleiten mich kurz vor Wageningen an einen brusthohen Holzsteg, der zu einer stillgelegten Ziegelei mit einem dicken und hohen Schornstein führt. Um genau 17:00 Uhr werde ich dort von meiner Crew empfangen. Das Medienteam macht Film- und Fotoaufnahmen. Mein Vater, Nicola und Leo sind auch da. Ebenso mein holländischer Kollege Gerrit Outdakker von Wetsus, der wieder ein paar Proben mitnimmt, damit sein Institut sie auf Schwermetalle untersuchen kann.

FREITAG 22.08.2014
WAGENINGEN–VRESSWIJK (47 KM)
IM EINFLUSSBEREICH DER TIDE

Der Wind, anfänglich mit Stärke 4, treibt mir die Wellen entgegen. Stetig wächst er an: fast ein Sturm, der mir da entgegenbläst. Die geringere Strömung und die frontalen Wellen reduzieren mein Durchschnittstempo auf unter sechs Stundenkilometer: im Vergleich zu den Spitzendurchschnittsgeschwindigkeiten von zehn bis zwölf Stundenkilometern eine drastische Verlangsamung. Es dauert so fast vier Stunden bis zur 20 Kilometer entfernten Schleuse auf der Höhe von Maurik.

Ich sitze im Boot in wärmende Goldfolie eingepackt. Kostbare Zeit verstreicht, während sich der Himmel verdunkelt. Erst nach langer Wartezeit können wir um 15 Uhr die Schleuse wieder verlassen. Aufgrund dieser Verzögerung, vor allem aber wegen der Gewittergefahr möchte Bernhard heute früher abbrechen. Zugegeben: Je länger ich unbeweglich im Boot sitze, umso mehr steigt der Widerwillen dagegen, wieder ins Wasser zu gehen. Allerdings muss ich alles, was ich heute nicht schwimme, am kommenden Tag dranhängen. Denn an

Gewitter: so schnell wie möglich aus dem Wasser

unserer Zeitplanung will ich nicht rütteln: Der kommende Sonntag, also übermorgen, muss und wird der Ankunftstag sein.

Ich schwimme also weiter – in eine schwarze Wolkenwand hinein. Es geht nun schneller voran. Meine Panik, wegen Gewitters abbrechen zu müssen, mobilisiert Kraftreserven. Ich möchte möglichst weit kommen, bevor wir durch die äußeren Umstände zu einem Abbruch der Etappe gezwungen werden. Bis jetzt hatten wir, was Blitz und Donner betrifft, viel Glück. Sollte es uns auch auf der drittletzten Etappe hold sein? Um 17 Uhr sind es nur noch 14 Kilometer bis Vresswijk, aber der Himmel sieht bedrohlich aus. Die Baumkronen und Büsche am Ufer werden vom böigen Wind wild hin und her gerissen. Die Wolkendecke erweckt den Eindruck, dass sie jeden Moment herunterfallen könnte. Im nächsten Augenblick durchzuckt ein Blitz den Himmel vor uns, und ein Gewitter entlädt sich, begleitet durch einen Starkregen. Ich schwimme, so schnell es geht, auf die Bootsplattform, die Paddler fahren ans Ufer. Wir schaukeln auf der Stelle. Ich bin noch nicht bereit, sofort abzubrechen, sondern möchte Blitz und Donner vorbeiziehen lassen.

Sobald sich das Gewitter sichtbar von uns entfernt hat, bin ich wieder im Wasser, um Strecke zu machen. Doch kurz darauf pfeift Bernhard mich ein zweites Mal raus, als sich eine neue Gewitterfront unaufhaltsam nähert. Infolge des starken Winds verzieht sich auch dieses Gewitter schnell, um wenig später dem nächsten Platz zu machen. Ich nutze die Lücken, um weiterzuschwimmen, und – endlich! – gegen 19 Uhr sehe ich die Schleuse bei Vresswijk vor mir. Die letzte Stunde im Wasser ist der Himmel aufgerissen, und mit der Zielankunft begrüßt mich die Sonne.

Nach fast vier Wochen im Wasser und einer so anstrengenden Etappe wie heute empfinde ich die Abendsonne als verdiente Belohnung. Auch der letzte Kilometer entschädigt mich, ich schwimme ihn wie in Trance und biege vor der Schleuse rechts in ein langes und breites strömungsfreies gestautes Wasserbecken. Ein glatter, in der Sonne glänzender ruhender See breitet sich vor mir aus. Am rechten Ufer sind Schiffe und Hausboote geparkt. Ganz am Ende des Sees erkenne ich zwei Fahrzeuge. Es sind der silbergraue Vito und unser »Rheines Wasser«-Mobil. Davor winkt mir mein Begleitteam zu.

Nach dem Ausstieg aus dem Wasser haben wir es nicht eilig. Wir genießen die Stimmung am ruhigen Wasser in der untergehenden Sonne und die Erleichterung, es trotz widriger Bedingungen bis hierher geschafft zu haben. Irgendwann fährt mich Mario dann zum Bootsanlegeplatz De Lek, direkt dort stehen unsere Wohnmobile auf einer Wiese neben den Booten. Bernhard hat auch schon festgemacht am Anlegeplatz. Auf dem Stellplatz gibt es einen alten Duschcontainer ohne jeglichen Komfort. Den brauche ich auch nicht, nur heißes Wasser. Ich dusche ausgiebig und schäle mich langsam aus beiden Neoprenanzügen. Mir fällt auf, dass der Duschkopf ein echter Klassiker ist: die weltweit erste Brause mit verstellbaren Strahlarten, 1968 von meinem ehemaligen Arbeitgeber Hansgrohe entwickelt und hergestellt.

Morgen wird es früher losgehen als sonst, denn wir sind bereits im Einflussbereich der Tide. Das heißt, es gibt Phasen, in denen mich die stromauf drängende Flut spürbar am Vorankommen hindern wird, und solche, in denen mich die Sogwirkung der Ebbe Richtung Nordsee ziehen wird. Wenn ich um 8 Uhr im Wasser bin, beginnt laut Tidenplan gerade die Ebbe. Das Wasser beginnt dann zu fallen – bis zum folgenden Niedrigwasser. Wenn das Wasser wieder zu steigen beginnt, kann man einige Zeit – wie lange, wird sich morgen zeigen – noch gegen die Flut schwimmen. Die Gegenströmung wird aber immer stärker. Am morgigen Tag wird sie bis zu 3,6 Stundenkilometer betragen. Bei einer guten Schwimmgeschwindigkeit von vier Stundenkilometern würde ich bei dieser ungünstigen Konstellation, lediglich 400 Meter in einer Stunde schaffen. Mit einer kurzen Trinkpause im Wasser wären auch diese 400 Meter gleich wieder dahin. Dies ergäbe keinen Sinn, also halten wir uns an den Tidenplan, der uns von einem Fischer am Hafen genau erklärt wird.

SAMSTAG 23.08.2014
VRESSWIJK–LEKKERKERK (32 KM)
ZWISCHEN GROSSEN WELLENBERGEN

Um 6:40 Uhr klingelt der Wecker, um 7:00 Uhr gibt es Frühstück im Hotel. Wir sind die Ersten im Frühstücksraum. Die Kaffeemaschine läuft schon, und ich nehme entgegen meiner Gewohnheit heute einen Kaffee anstatt Tee zu mir. Martin ist schon länger wach, wartet bereits an einem Tisch und studiert den Tidenplan. Hunger habe ich keinen, mein Magen ist immer noch sensibel und unruhig.

Mit gerade einmal 10 Grad Celsius Außentemperatur ist dieser Morgen noch frischer als die vorangegangenen. Aber wenigstens ist der Himmel wolkenlos. Das Wasser im Hafen ist so ruhig wie der Hafen selbst. Außer uns ist noch niemand unterwegs, auch meine Kinder schlafen noch selig im Wohnmobil. Um 8:35 Uhr fahren wir mit dem Boot aus dem Hafen. An den Anlegestellen ist an der Benetzung deutlich zu sehen, dass das Wasser heute Morgen schon höher stand. Der Wasserabfluss hat schon begonnen, mindestens 30 Zentimeter ist der Wasserspiegel bereits zurückgegangen. Wir hätten also mindestens eine halbe Stunde früher starten sollen. Am Schleusenausgang springe ich um 8:40 Uhr ins Wasser.

Ein Sprung ist kompromisslos und unumkehrbar, aber immer besser, als langsam mit den Füßen voran Stück für Stück von der Bootsplattform ins Wasser zu gleiten. Dabei muss man sich bei jedem Zentimeter überwinden. Bei einem Sprung nur einmal. Ich ziehe im Wasser den Sampler an, wobei mir beim Untertauchen die Kälte auf die Ohren und den Kopf drückt. Ich trage nur eine Latexmütze, weil ich Kopfschmerzen habe. Ein noch stärkerer Druck einer zweiten Kappe wäre im Moment nicht gut auszuhalten. Ich hoffe, dass der stechende Schmerz beim Schwimmen nachlassen wird.

Trotz des kalten Wassers komme ich anfangs mit fünf bis sechs Stundenkilometern gut voran. Der Niederrhein in Holland hat kaum noch Gefälle und dadurch keine spürbare Strömung mehr. Auf einen Kilometer fällt der Rhein nur noch rund fünf Zentimeter ab. Im Oberrhein beträgt das Gefälle pro Flusskilometer bis zu 80 Zenti-meter. Der Vorteil: Es kommen keine Schleusen mit entsprechen-den Schwimmunterbrechungen mehr auf mich zu. Leo und Mar-tin begleiten mich heute im Kanu. Jedes Mal, wenn Leo bisher im Kanu mit dabei gewesen ist, gab es einen starken Regen, und er wurde klitschnass. Dies wird auch heute nicht anders sein. Seit zwei Stunden schwimme ich unter dunklen Wolken. Es beginnt wieder einmal stark zu regnen. Dazu gesellen sich starker Gegenwind und aufpeitschen-de Wellen, deren Spitzen der Wind mitnimmt und so einen weißen Schaum auf dem Wasser hinterlässt. Ich mache mir Sorgen um Leo, da es im Boot noch kälter ist als im Wasser: 12 Grad Celsius Lufttem-peratur gegenüber 18 Grad Celsius, die der Rhein misst.

Zwischen den Wellenbergen ist keine Richtung zu erkennen. Die Uferbegrenzung ist weit entfernt und mit vielen tiefen Buchten durchsetzt. Es ist schwierig, die Linie zu finden. Leo und Martin fal-len immer wieder zurück. Ich rufe sie immer wieder herbei und forde-re sie auf, doch endlich vorauszufahren und die Richtung vorzugeben. Erst die aggressive Reaktion meines Sohnes lässt mich verstehen, dass sie schon alles geben. Sie befinden sich viel weiter über der Wasser-oberfläche und sind dadurch windanfälliger. Der Wind treibt sie immer wieder hinter mich zurück, obwohl sie zu zweit paddeln, was ihre Kräfte hergeben.

Das Wetter ist so wechselhaft wie am Vortag. Obwohl die Schwimmstrecke sehr langweilig ist, geht die Zeit schnell um. Ich sehe immer wieder den gleichen Uferbewuchs, und jede Bucht gleicht der anderen. Sie reihen sich aneinander wie Dachziegel, und an jedem Übergang ragt eine Buhne ins Wasser, an deren Ende immer der gleiche Mast aufgestellt ist. An dessen Spitze befindet sich wahrscheinlich als Warnsignal für die Schifffahrt ein auf dem Kopf stehendes rotes Dreieck. Das, die Paddler und unser weißes Motorboot ist alles, was es zu sehen gibt. Die aufgepflanzten Warndreiecke sind etwa 100 bis 200 Meter voneinander entfernt. Die Entfernung entspricht der Breite der Einbuchtung. Ab und zu begegne ich einer Boje, die allerdings im Vergleich zum Oberrhein ganz ruhig im Wasser liegt. Hier ist nichts mehr mit Bodyrafting. Ich schieße nicht mehr an den Bojen vorbei, sondern sehe sie noch lange bei jedem Atemzug neben mir. Ein schlechtes Zeichen.

Verabredet hatten wir, dass ich nach dem Tidenplan von 8 bis 15 Uhr schwimme. Ich schaffe bis 14 Uhr immerhin insgesamt 32 Kilometer. Dann komme ich kaum noch voran. Ein Buhnenbegrenzungsmast ist lange Zeit auf gleicher Höhe, und eine halbe Stunde nachdem ich ihn passiert habe, sehe ich ihn immer noch unter meiner Achselhöhe. Ich bin nicht einmal 200 Meter weit gekommen. Wenigstens noch bis zur nächsten Kilometermarkierung sollte ich schwimmen, als Anhaltspunkt für den Start zur nächsten Etappe. Auf den letzten Kilometern begleitet mich parallel zum Fluss eine Landstraße. Das nährt meine Hoffnung, dass ein Begleitfahrzeug in der Nähe ist. Vom Boot aus können wir nur den Rheinkilometer genau durchgeben, der ist auf den Straßenkarten und in Navigationsgeräten nicht eingetragen. Ich möchte es unbedingt bis kurz vor Rotterdam schaffen, doch vor Lekkerkerk bei Kilometer 981 steige ich total erschöpft ins Boot. Nichts geht mehr, die Flut, unterstützt durch den Wind, ist zu stark, um voranzukommen. Ich signalisiere meinen Begleitern den Abbruch.

Nichts geht mehr: Die einsetzende Flut macht ein Vorankommen unmöglich – ausgelaugt steigt Andreas Fath früher als geplant aus dem Rhein

Ich muss über eine Stunde warten, bis ich abgeholt werde. Später am Abend sitzen wir zusammen und besprechen die Planung für die morgige letzte Etappe über dem ausgebreiteten Kartenmaterial und mit dem Tidenplan auf den Handys. Alle haben Ideen, alle reden mit. Ich muss spätestens um 10:00 Uhr am Hafen in Rotterdam sein, Richtung offenes Meer, sonst schaffe ich es nicht gegen die einsetzende Flut. Tide ist bis 11:30 Uhr. Ich hätte also 90 Minuten Zeit für die noch fehlenden acht Kilometer. Das ist machbar, da die Flut erst eine halbe Stunde vor Mittag einsetzt. Dennoch ist die Zeit knapp bemessen, da ich vorher noch nach Lekkerkerk gefahren werden muss, um von dort die noch fehlenden Kilometer von heute nachzuholen. Bei Rheinkilometer 991 muss ich dann aus dem Wasser, denn im nach Shanghai und Singapur drittgrößten Seehafen der Erde ist das Schwimmen nicht erlaubt. Wenn ein Containerschiff seine Schrauben anwirft, hat ein Mensch keine Chance. Das ist auch der niederländischen Wasserschutzpolizei zu heikel.

Um 21:30 Uhr steht schließlich die Planung. Tim fährt mich ins Hotel. Ich rasiere mich für die Pressekonferenz am nächsten Tag und natürlich, um meinen Neoprenanzug nicht noch weiter an den Schultern abzuschmirgeln. Die Neoprenanzüge hängen an den ausgeklappten Fenstern des Hotels zum Trocknen, ehrfurchtsvoll schaue ich aus dem achten Stock auf die gigantische, hell erleuchtete Rotterdamer Hafenanlage direkt zu meinen Füßen. Um 22 Uhr liege ich im Bett und bestelle vor dem Einschlafen einen Weckruf für 6 Uhr am nächsten Morgen. Frühstück gibt es erst ab 7 Uhr. Das wird leider ausfallen müssen.

SONNTAG 24.08.2014
LEKKERKERK–HOEK VAN HOLLAND (30 KM)
IM MEER

Die Nacht war sehr unruhig. Ich bin mehrfach aufgestanden und habe auf den Hafen geschaut und den nassen Neoprenanzug angefasst. Ich war nervös, mein Puls wollte sich einfach nicht beruhigen. War es die Angst vor dem letzten Tag, der keine Freiräume für Improvisationen mehr zulässt? Ich muss die Teilstrecken genau so schaffen wie geplant und bin körperlich nicht auf der Höhe. Das ist es, was mich umtreibt, obwohl mir klar ist, dass ein Tiefschlaf ohne Unterbrechung die bessere Vorbereitung gewesen wäre. Als das Telefon wie bestellt um 6 Uhr klingelt, warte ich schon längst darauf.

Zurück bei Rheinkilometer 981 friere ich im Wind bei neun Grad Celsius Außentemperatur. Die Sonne ist noch nicht aufgegangen. Es ist noch dunkel, das Wasser ist schwarz und hat eine Temperatur von 17,2 Grad Celsius. Um 7:10 Uhr in der Morgendämmerung steige ich andächtig und langsam in die dunkle und kalte Flüssigkeit, ausgestattet mit zwei Bademützen, um die Kälte an den Ohren auszuhalten. Ich schwimme los und denke nicht länger nach, denn meine Gedanken würden mich vom Schwimmen abhalten.

Es dauert lange, bis ich nicht mehr friere und das Schwimmen sich automatisiert. Vor mir sehe ich nur unser weißes Boot. Die Ufer sind in der Dämmerung nicht zu erkennen. Dann sehe ich die Leben spendende Sonne langsam, aber verlässlich aufgehen. Bei jedem Atemzug unter der linken Achsel hindurch strahlt sie mir ins Gesicht. Das Wasser hat seine Farbe verändert und ist nun bronzefarben, die Kilometeranzeigen am Ufer sind zu erkennen. Vom Schiffsverkehr ist am heutigen frühen Sonntagmorgen nicht viel zu spüren, Wassersportler sind auch noch nicht unterwegs. Nachdem mich am Hochrhein beinahe ein Ruderblatt am Kopf erwischt hätte, habe ich größten Respekt vor dieser Gefahr, die sich lautlos von hinten »anschleicht«. Einem Boot, in dem die Ruderer mit dem Rücken zur Fahrtrichtung sitzen, ist man als Schwimmer schutzlos ausgeliefert. Ruderer und – sofern vorhanden – Steuermann sehen das Motorboot und eventuell auch noch das Kajak, aber der winzige Kopf eines Schwimmers knapp oberhalb der Wasseroberfläche kann leicht übersehen werden. Heute Morgen höre ich nur das Eintauchen meiner Arme, drehe mich ab und zu um, um mich zu vergewissern, dass auf den letzten Kilometern nicht doch ein Frühsportler unterwegs ist, denn das Motorboot fährt voraus und könnte mich nicht rechtzeitig warnen, und ein Begleitkajak habe ich dieses eine Mal nicht dabei. Alles geht gut, wobei sich der letzte Rheinkilometer von 990 bis 991 zieht.

Plötzlich taucht, wie schon so oft auf dieser Reise, das große gelbe Schiff der Wasserschutzpolizei links neben mir auf, um den Beginn einer Schwimmverbotszone anzuzeigen. Im selben Moment, beim nächsten Atemzug auf der anderen Seite, schaue ich auf die »991«. Jetzt schnell raus aus dem Wasser und an Bord. Das Polizeiboot begleitet uns durch den Rotterdamer Hafen und weist uns eine Anlegestelle bei Kilometer 995 zu. Bernhard legt kurz an einem Bootsanleger an, und ich springe über das verschlossene Gitter. Bernhard und Helga bleiben zurück und nehmen noch eine Wasserprobe aus dem Seitenkanal, während ich wie verabredet ins wartende Auto umsteige. Bislang klappt alles wie am Schnürchen.

Es ist 8:45 Uhr, und wir dürfen uns keinen Fehler bei der Fahrt durch die Stadt erlauben, wenn wir rechtzeitig am verabredeten Punkt

Der Sprung vom Boot zur allerletzten Etappe:
aus vier Metern Höhe in die Wellen

für den Wiedereinstieg in Berghaven sein wollen. Auf das Navigationssystem wollen wir uns auch nicht verlassen. Wir schaffen es. An Bord des mächtigen Schleppers der Rotterdamer Hafenbehörde geht es aus dem Hafen wieder hinaus auf den Rhein. Kurz danach springe ich um 10:20 Uhr aus vier Metern vom Deck in die Wellen.

Das Flusswasser schmeckt das erste Mal salzig. Die Hafenausfahrt ist so breit, dass die Raffinerien auf der anderen Seite mehr als einen Kilometer weit entfernt sind. Wir haben stürmischen Wind und dunkle Wolken über uns. Es beginnt zu regnen, aber das Gewitter entlädt sich Gott sei Dank auf der anderen Seite des Hafens über den Hafenkränen. Am Horizont sind schon wieder blaue Flecken zu erkennen, genau dort, wo ich hinschwimmen muss. Ich gewöhne mich schnell wieder an das Schwimmen in hohen Wellen, so kurz vor dem Ziel machen sie mich nicht mehr wütend, sondern lassen mich daran danken, dass das Meer nicht mehr weit ist. Ich genieße die letzten Kilometer und lasse einzelne Begegnungen, Anblicke und Erfahrungen der langen Reise im Wasser Revue passieren.

Immer mehr Menschen joggen am Ufer neben mir her, bis irgendwann Schluss ist für meine Begleiter auf dem Damm. Die weitere Abgrenzung der Hafeneinfahrt vom Meer erfolgt über lose aufeinander- und nebeneinandergeschichtete Betonklötze. Hinter diesem vermoosten aufgeschichteten Wall aus quaderförmigen Betonbrocken ist schon der Strand von Hoek van Holland zu erkennen. Ich schwimme weiter, von einer roten Boje zur nächsten. An der letzten halte ich kurz inne. Ich blicke zum Schiff und zum Kajak, das vorausfährt. War es das jetzt? Nein, am Ende des Piers steht ein rot-weiß quergestreifter Begrenzungsturm, vielleicht auch ein kleiner unbemannter Leuchtturm. Wenn ich auf seiner Höhe bin, müsste ich nach beiden Seiten eine freie Sicht aufs Meer haben. Dieser befreiende Gedanke lässt mich schneller schwimmen. Es muss ein erhebendes und befreiendes Gefühl sein, nach 1231 Kilometern in einer Rinne schwimmend, plötzlich die einengende Begrenzung zu verlieren.

Ich schwimme so weit, bis ich rechts und links neben mir nur noch Wasser und nichts als Wasser sehe. Die Wellen haben ohne definierten Übergang eine andere Dimension angenommen und sind jetzt in der Lage, Schiffe zu heben und zu senken. Das Gleiche passiert mit mir. Ich schaukle plötzlich in hohen und breiten Wellen. Das ist nicht mehr der Rhein, das ist das Meer, die Nordsee, der Atlantik, das Ziel. Zeitgleich ertönt das laute und tiefe Nebelhorn meines Begleitschiffs als erlösendes Signal. Ein unvergleichlicher und unvergesslicher Moment.

Noch heute bekomme ich eine Gänsehaut, wenn beim Anschauen des Dokumentarfilms dieses Horn zu hören ist. Alle an Bord und im Kajak reißen die Arme hoch und jubeln. Ich schwimme zum Schlepper, fülle noch eine letzte symbolische Wasserprobe ab und übernehme den GPS-Tracker vom Kajak. An der heruntergelassenen Leiter an Bord zu klettern ist gar nicht so einfach, das Schiff hebt und senkt sich vor mir mehrere Meter. Mit einer Hand eine Sprosse zu greifen ist bei diesem Wellengang unmöglich. Ich übergebe zuerst die Probeflasche und den Tracker und erwische danach mit beiden Händen die unterste Leitersprosse im richtigen Augenblick, um mit der nächsten Welle aus dem Wasser gerissen zu werden. An Bord komme ich

Oben: Richtung offenes Meer
Unten: Geschafft: endlich Meerwasser

aber nicht weiter als bis zur Reling. Enzo stürmt als Erster auf mich zu, dann meine Frau. Die Schiffsbesatzung ist wahnsinnig nett. Ein Mitarbeiter führt mich unter Deck. Während das Schiff zurück Richtung Berghaven fährt, schäle ich mich zum allerletzten Mal mit Genuss langsam aus meinen Gummihäuten und gönne mir eine heiße Dusche.

Es war eine lange Reise, die mich bis an meine Grenzen geführt hat. Ein einmaliges Erlebnis mit vielen positiven Begegnungen. Es

Am Ziel: Das »Rheines Wasser«-Team am Strand von Hoek van Holland

war alles dabei: Krankheiten, Verletzungen, Freude und Enttäuschungen, nur – sieht man von ein, zwei kleinen Momenten des Zweifelns einmal ab – der Gedanke ans Aufhören nicht. Ohne meine Familie, ohne mein Team und alle Unterstützer des Projekts, ohne all die Menschen, die mir unterwegs Mut zugesprochen haben, hätte ich das Rhein-Abenteuer nicht erfolgreich zu Ende gebracht. Euch allen gilt mein Dank!

III.
EPILOG –
TAKE ME TO THE RIVER

Vier Tage später, am Abend des 28.08., gehe ich in Haslach das erste Mal wieder schwimmen: 1000 Meter, zusammen mit Nicola, ohne Neoprenanzug auf »meiner« Bahn. Bei einem emotionalen Empfang zwei Tage zuvor im Haslacher Freibad hat die Stadt die Schwimmbahn, auf der ich für gewöhnlich trainiere, nach mir benannt. Obwohl ich in »meinem« Element unterwegs bin, fühlt es sich ungewohnt an. Ich schwanke noch im Geiste, da ich an Wellen gewohnt bin, die jetzt nicht mehr vorhanden sind. Es fühlt sich an, als ob mich jemand festhält und im Wasser zurückzieht. Den Abstand zur Wand für die Rollwende treffe ich überhaupt nicht mehr. Nach 500 Metern hat sich aber wieder alles normalisiert und eingespielt. Danach muss ich unbedingt an die Massagedüsen. Ich spüre den Muskelkater überall dort, wo die Wasserstrahlen auftreffen: Brust, Trizeps, Latissimus, Schultern. Selbst im beheizten Becken halte ich es nicht lange aus ohne Kälteschutz. Immerhin habe ich vier Kilogramm isolierendes Fett abgebaut bei meinem Rhein-Marathon. Das spüre ich. Wenn jemand in nur zehn Tagen vier Kilogramm abnehmen möchte, aber trotzdem auf nichts im Nahrungsangebot verzichten will, hätte ich da einen Tipp. Wie so oft an einem Donnerstag im Sommer trifft sich meine Masterschwimmgruppe auch an diesem Abend draußen im Garten beim Italiener »Oronzo«. Wie habe ich das in den letzten fünf Wochen vermisst!

Ein paar Monate später: Während eines Skiurlaubs nach Neujahr 2015 auf dem Feldberg bekomme ich eine E-Mail von Professor Martin Knoll, einem amerikanischen Geologen und Hydrologen von der University of the South in Sewanee im Bundesstaat Tennessee. Ein paar Wochen zuvor hatte er mich bereits um Erlaubnis gebeten, unsere bislang vorliegenden Ergebnisse der Rheinwasseranalysen in seiner Vorlesung verwenden zu dürfen. Er schreibt, dass er vergleichbare Ergebnisse auch bei der Beprobung eines amerikanischen Flusses erwartet. Zunächst scherzhaft wirft in unserer E-Mail-Korrespondenz einer von uns die Idee auf, dass man diesen Fluss, den Tennessee River, der etwa 1000 Kilometer lang ist, in den Ohio mündet und von dort über den Mississippi in den Atlantik, doch auch mal durchschwimmen und dabei beproben könne. Nach Aussage des amerikanischen Kollegen hat er eine gute Wasserqualität und ist auch zum Schwimmen freigegeben. Es ist ein Freizeitfluss mit weniger Schiffsverkehr als auf dem Rhein. Sorgen machen eher die Schnellboote, Wasserskifahrer und Jetskis.

Abgesehen von der interessanten wissenschaftlichen Problemstellung, welche anthropogenen Einflüsse man in den USA in einem dem Rhein in Länge, umgebender Populationsdichte und Abflussmenge vergleichbaren Fluss findet, ergeben sich einige grundlegende Fragen: Ist Mikroplastik auch dort ein Thema? Wie gut arbeiten die Kläranlagen in Tennessee? Welche Medikamente und Süßstoffe findet man im Tennessee River und in welcher Menge? Nur ein paar Monate nach der Ankunft in der Nordsee und mit zwei Glas Rotwein intus bekomme ich schon wieder Lust auf das nächste Abenteuer. Nachdem ich meiner Frau im Sommer an der Rheinmündung in Hoek van Holland gesagt habe, es würde »kein zweites Mal geben«, muss ich sie natürlich fragen, unter welchen Bedingungen sie bei einem derartigen Projekt noch einmal mitmachen würde. Ihre Antwort: »Ich will dich nicht mehr so fertig und ausgelaugt sehen.« Ich denke, das lässt sich machen.

Martin verbreitet die Idee an seiner Universität in Sewanee und lädt mich im Oktober 2015 nach Tennessee ein. Ich halte Vorträge an der University of Georgia in Athens, an der University of Alabama und natürlich an der University of the South. Dabei erfahre ich viel Zustimmung. Zum Abschluss meiner USA-Reise nehme ich noch an einem Open-Water-Event teil: 200 Teilnehmer schwimmen 10 Meilen von Chattanooga den Tennesse River hinunter. Als Zweiter gelange ich ins Ziel. Ich bin wieder auf den Geschmack gekommen …

IV.
UND JETZT?
WEGE ZU RHEINEREM WASSER

Effektiver Gewässerschutz erfordert einen harten Kampf auf vielen verschiedenen Ebenen. Überzeugung und Wille alleine – wenn auch durch vielversprechende Ergebnisse unterstützt – genügen oft nicht, um etwas zu erreichen. Man muss mehr tun, um ein ernst zu nehmender Mitspieler im Wissenschaftsgeschäft zu werden, der nicht nur auf der Ersatzbank sitzt. Die Situation ist der von Zuckmayers Hauptmann von Köpenick vergleichbar: ohne wissenschaftliches Renommee keine Forschungsgelder und ohne Forschungsgelder keine Spitzenforschung. Da bleibt wenig Spielraum, wenn man von einem Vorhaben überzeugt ist. Oder man hat eben die »verrückte« Idee, den Rhein zu durchschwimmen.

Ich habe eine Vision, und das ist gut so, denn ohne Visionen und den Versuch, sie zu realisieren, ist das Leben langweilig. Dafür hätte ich mich selbst vom verstorbenen Staatsmann, Altkanzler und Vordenker Helmut Schmidt gerne ins Krankenhaus schicken lassen – Sie erinnern sich vielleicht an sein Bonmot »Wer Visionen hat, der soll zum Arzt gehen« –, aber nicht, um meine Visionen zu heilen, sondern um den Chemiecocktail in den Klinikabwässern zu behandeln.

Ich bemängle, dass unser kostbares Trinkwasser nicht nur zur Essenszubereitung benutzt wird, sondern auch als Medium fürs Wäschewaschen, Geschirrspülen oder Autoputzen, als flüssiger Träger für den Transport vieler unserer Abfälle in der Küche und der Toilette. Alles Anwendungen, für die Trinkwasserqualität nicht vonnöten ist. Das ist wie Perlen vor die Säue zu werfen. Um das hierbei entstandene Abwasser dann wieder aufzubereiten, wird viel Chemie eingesetzt, die Geld kostet. Und selbst das ist noch nicht genug, denn immer noch verbleiben kritische Spurenstoffe im Wasser, sodass man im Zusammenhang mit der Kläranlagentechnologie über den weiteren Chemieeinsatz innerhalb einer zusätzlichen vierten Behandlungsstufe diskutiert und diesen auch schon in die Praxis umsetzt. Schlussendlich haben wir das Abwasser mit großem Aufwand entsorgt und ihm dabei auch noch die immer begehrteren Rohstoffe wie Stickstoff, Kalium und Phosphor entzogen, die als Dünger in der Landwirtschaft genutzt werden könnten. Diese Dünger stellen wir lieber künstlich her und bezahlen wiederum dafür, denn die abgetrennten Rohstoffe im Klärschlamm dürfen nicht mehr auf die Felder ausgebracht werden, da sie mit zu vielen anderen gefährlichen Chemikalien kontaminiert sind.

Dieses Konzept ist schon längst nicht mehr zeitgemäß. Wir brauchen statt dieses zentralen »End of the pipe«-Ansatzes eine dezentrale »Start of the pipe«-Lösung. Diese darf auch etwas kosten, denn schließlich spart man das Vielfache der hierfür nötigen Ausgaben an anderer Stelle wieder ein: Generell sollten in Industrieanlagen geschlossene Wasserkreisläufe in Spülprozessen betrieben werden, beispielsweise durch Einsatz von Ionenaustauschern. Damit lässt sich Wasser mehrfach verwenden. Letztendlich fallen in Abwasserbehandlungsanlagen Konzentrate an. Diese sollten vor Ort, also am »Start of the pipe«, behandelt werden, um keine nichtabbaubaren Schadstoffe in Richtung Kläranlage freizusetzen. Grundsätzlich wäre es sinnvoller und wirtschaftlicher, Schadstoffe dort, wo sie entstehen, zu zerstören oder zurückzuhalten und zu recyceln, denn dort sind die Konzentrationen höher und die Filtrationstechnologien effektiver. Stark verdünnt in unserem großen Wasserkreislauf ist eine Eliminierung der Schadstoffe mit enorm hohen Kosten verbunden und wenig effektiv.

Würden Abwässer aus Industrie, Krankenhäusern und Landwirtschaft sowie fäkalienhaltiges Schwarzwasser aus den privaten Haushalten am Ort ihrer Entstehung behandelt, könnten wir zudem den Klärschlamm wieder als Dünger verwenden. Nachweislich hat sich die Konzentration Perfluorierter Tenside aus Industrieabwasser durch eine Strombehandlung so stark reduzieren lassen, dass sich der Klärschlamm zumindest in Bezug auf diesen organischen Schadstoff wieder bedenkenlos als Dünger verwenden ließe. In einigen privaten Haushalten wird das eingehende Trinkwasser noch über Filtersysteme von Schwebeteilchen befreit. Warum soll man Privathaushalten nicht auch zumuten können, ihre Abwässer beispielsweise von Antibiotikaresten zu befreien? Wenn das im Großen gelingt, warum dann nicht auch im Kleinen?

In einem aktuellen Bericht des Umweltbundesamts ist davon die Rede, dass »wahrscheinlich mehrere hundert (bis zu tausend) Tonnen Arzneimittel pro Jahr« in deutschen Privathaushalten durch die Toilette oder den Ausguss entsorgt werden. Bundesweit einheitliche Regelungen gibt es nicht, das Umweltbundesamt empfiehlt das Entsorgen über Schadstoffsammelstellen. Hand aufs Herz: Wer hält sich daran? Hinzu kommt, dass überschüssige Wirkstoffe von in der Humanmedizin verabreichten Arzneien den menschlichen Körper über seine Ausscheidungsorgane wieder verlassen und so im Abwasser landen. Wobei wie schon erwähnt bei den Antibiotika die Hauptmenge in der Tierhaltung eingesetzt wird und ihre Rückstände von dort über das Abwasser oder die Gülle in die Natur eingetragen werden.

Eine wartungsarme Anlage, deren Elektroden sich selbst reinigen und die mit über Solarpaneele auf dem Scheunendach erzeugtem Strom betrieben wird, mineralisiert die ausgeschiedenen Antibiotika in der Gülle und verbessert derart sogar deren Funktion als Dünger. Der Wasserstoff als Nebenprodukt könnte als Treibstoff der Zukunft produziert oder zum Heizen verwendet werden. Das Ganze in klein und bezahlbar wäre auch für den privaten Haushalt denkbar. So viel zu meiner konkreten Vision, die meiner Meinung nach weniger anachronistisch anmutet als das oben dargestellte Kläranlagenkonzept. Ja, der Abwasserreinigung in Kläranlagen würde sie sogar neues Leben einhauchen, weil sie im Vorfeld die Schadstoffe eliminiert, mit denen die Kläranlagentechnologie heute überfordert ist.

Ein Großteil der in unserem Projekt ermittelten Gewässerbelastungen ist jedoch auf unser Verbraucherverhalten zurückzuführen. Bewusst ist aber nur wenigen, dass sie zum Beispiel mikroplastikhaltige Peelings oder Zahnpasten benutzen und was sie damit anrichten. Aufklärung tut hier not, denn ein auf dieser Erkenntnis aufbauendes stärkeres Bewusstsein dafür, welche Konsequenzen unser Handeln hat, kann zu einem sensibleren Umgang mit unseren Verbrauchsgütern führen und damit letzten Endes zu einer besseren Wasserqualität. Während uns das Wasser alleine durch seine Existenz vor dem Austrocknen und Verhungern rettet, müssen wir mehr tun, um das Wasser zu retten. Jeder kann dazu einen Beitrag leisten, indem er zum Beispiel keine Medikamente in der Toilette abspült, auf Plastiktüten verzichtet, keine Kunststoffe im Kamin verbrennt oder in der Biotonne entsorgt, weniger oder keine Light-Getränke konsumiert, nur Kosmetikartikel ohne Mikroplastikpartikel und Spülmaschinen-Tabs ohne Korrosionsschutzmittel verwendet.

Vielleicht können beim Verzicht auf Light-Getränke folgende Erkenntnisse als Motivationsstütze dienen: Acesulfam und Sucralose machen nicht schlank. Den fehlenden Zucker beschafft sich der Körper an anderer Stelle, wenn er nicht über Flüssigkeiten zugeführt wird. Schlank macht alleine eine negative Energiebilanz. Das heißt, wenn unser Körper mehr Energie verbraucht, als wir ihm über Nahrungsmittel zuführen. Entweder erhöht man den Energieverbrauch seines Körpers durch Bewegung, oder man reduziert die Nahrungsaufnahme. Getränke ersetzen die Nahrung nicht, sondern sie regeln den Wasserhaushalt. Das beste Getränk in dieser Hinsicht ist Wasser, und das hat null Kalorien. Mehr »light« geht nicht!

Wenn man sich vorstellt, wie stark wir Trinkwasser, eines der am strengsten kontrollierten Lebensmittel, auf seinem nur wenige Zentimeter langen Weg vom Armaturenauslauf bis zum Abflusssieb im Spülbecken mit Speiseresten, Fetten, Ölen, Seifen, Zahnpasten, Peelings, Shampoos, Medikamenten etc. verunreinigen, wird noch deutlicher, dass allein eine technische Lösung nicht ausreicht. Wir selbst können und sollten einiges tun, um unser Wasser sauber zu halten und dabei auch noch Energie zu sparen. Dabei geben die folgenden drei »Rs« Orientierung: Reduce, Reuse, Recycle – vermindern, wiederverwenden, wiederverwerten. Es gibt viele Wege, den eigenen Wasserverbrauch und damit die Abwassermenge zu reduzieren. Verbrauchtes Duschwasser, das sogenannte Grauwasser, etwa lässt sich aufbereitet noch einmal nutzen, um die Toilette zu spülen oder den Garten zu bewässern. Zuvor können wir die Energie des immer noch warmen Duschwassers über Wärmetauscher erneut der Warmwasserbereitung zuführen, um Primärenergie zu sparen.

Allein schon das »Reduce« in unserem Konsumverhalten hat Auswirkungen auf unsere Wasserqualität. Als Beispiel dafür steht unser wachsender Fleischhunger, der sich seit 1970 verdreifacht hat. Unser Fleischbedarf kann nur noch über die Massentierhaltung gedeckt werden. Damit es nicht zu Epidemien unter den vielen auf engem Raum gehaltenen Tieren kommt, werden prophylaktisch Antibiotika mit dem Tierfutter verabreicht. 70 bis 80 Prozent der Wirkstoffe werden über Kot und Urin ausgeschieden und als Gülle auf unseren Feldern »entsorgt«.

Um den Kunststoffmüll in unseren Ozeanen und Flüssen zu reduzieren, sollten zudem alle Kunststoffe gesammelt und recycelt werden. Hierzu kann jeder Verbraucher einen Beitrag leisten. Alleine schon der erwähnte Verzicht auf Plastiktüten beim Einkauf, der durch eine merkliche Bepreisung dieser Spontantragetaschen unterstützt würde, wäre ein Schritt in die richtige Richtung. Der Verbraucher hat es selbst in der Hand, ob er auf Getränke mit künstlichen Süßstoffen oder Peelings, Zahnpasten und Wimperntusche mit Mikroplastikpartikeln verzichtet. Einen Abtrag von Hautpartikeln oder Zahnbelag kann man auch durch natürliche Substanzen erzielen, beispielsweise mit gemahlenen Nussschalen oder Bienenwachs. Sie sind leicht abbaubar, denn die Natur lässt nichts übrig von dem, was aus ihr entsteht. Der Bund für Umwelt und Naturschutz in Deutschland (BUND) setzt sich bereits für ein Verbot von Mikroplastikpartikeln in Kosmetikprodukten ein und bittet auf seiner Homepage die Bevölkerung um Mithilfe. Entsprechende Produkte sollen aufgespürt und die Hersteller zu Alternativzusätzen bewegt werden. Anders als in den USA oder den Niederlanden setzt die Politik hierzulande nicht auf ein gesetzliches Verbot, sondern auf den freiwilligen Verzicht durch die Kosmetikindustrie. Umso wichtiger ist der Druck, den Verbraucher durch entsprechendes Verhalten ausüben.

Auf meiner Schwimmtour durch den Rhein im August 2014 haben wir, das Projektteam »Rheines Wasser«, zusammen mit anderen Instituten trotz des Verdünnungseffekts infolge von Hochwasser zahlreiche Stoffe gefunden, die anthropogenen Ursprungs sind und die nicht in unsere Umwelt und Gewässer gehören. Über den Wasserkreislauf gelangen einige von diesen Stoffen in unseren Organismus. Noch vor einiger Zeit habe ich gelesen, dass im menschlichen Organismus etwa 300 nicht körpereigene Substanzen einschließlich Mikroplastikpartikeln nachgewiesen wurden. Mittlerweile sind es 800 nachgewiesene körperfremde Substanzen. Möglicherweise kompensiert unser medizinischer Fortschritt diesen nicht gesundheitsfördernden Trend. Allerdings wird schon jetzt eine steigende Unfruchtbarkeit aufgrund von Umweltgiften diagnostiziert. Wir könnten also ohne diese potentiellen Schadstoffe noch gesünder sein. Allerdings ist es bei dieser Vielzahl von körperfremden Stoffen in uns nicht so einfach, einen kausalen Zusammenhang zwischen einer aufgetretenen Krankheit und einer dieser Substanzen herzustellen.

Meiden sollten wir generell alle Stoffe, die in der Natur nicht abgebaut werden können. Denn auch wenn ihre Toxizität für den Menschen in klinischen Studien nicht nachgewiesen wurde, ist es ein Gebot der Nachhaltigkeit, potentielle Schadstoffe nicht freizusetzen. Wir kennen die Wirkung auf andere Lebewesen nicht, und wenn wir sie bemerken, könnte es bereits zu spät sein. So geschehen beim für den Menschen unbedenklichen Schmerzmittel Diclophenac, welches wir auch im Rhein nachgewiesen haben. Diclophenac wird aber auch in der Tiermedizin als entzündungshemmendes Mittel eingesetzt. Der Verzehr des Aases von verendeten Rindern, welche zuvor mit Diclophenac behandelt wurden, führte 2005 in Indien zu einem verheerenden Massensterben von Geiern und anderen Aasfressern.

Der Rhein hat ein so großes Flüssigkeitsvolumen (2500 Kubikmeter Wasser pro Sekunde Abflussmenge, August 2014, Emmerich), dass hauptsächlich Substanzen gefunden werden, die fast jeder von uns benutzt. Berechnet man etwa die Fracht der synthetischen Süßstoffe pro Jahr, die in die Nordsee transportiert wird, kommt man pro Süßstoff auf etwa 50 Tonnen. Da die Süßwirkung 200-mal stärker ist als bei der Saccharose, schmeckt die Nordsee vielleicht irgendwann einmal nicht mehr so salzig. Was das für eine Auswirkung auf unser Ökosystem hat, ist bisher nicht bekannt. Wenn wir es wissen, ist es möglicherweise zu spät. Gleichermaßen verhält es sich mit den Benzotriazolen in den Tabs, mit denen wir täglich unsere Spülmaschine laden. Diese Substanzen bauen sich ebenso wenig ab und landen im Tonnenmaßstab in der Nordsee. Bei den Medikamenten und Pestiziden sind die Konzentrationen zwar etwas geringer, aber dennoch alarmierend. Röntgenkontrastmittel, Antibiotika und Betablocker finden sich ebenso im Rhein wie das Climbazol aus unseren Antischuppen-Shampoos. Das zeigt, dass diese Stoffe in unseren Kläranlagen nicht restlos abgebaut werden. Deshalb sollten wir immer hinterfragen, ob wir auf entsprechende Produkte und Medikamente verzichten bzw. sie reduzieren können. Wenn nicht, müssen wir in unsere Abwasserbehandlung investieren.

Auf den Einsatz von Mikroplastikpartikeln in unseren Kosmetikprodukten können wir sicher verzichten und stattdessen natürliche Abrasionsadditive einsetzen. Bei jedem Waschvorgang unserer synthetischen Textilien werden auch Mikroplastikfasern freigesetzt. Andererseits entsteht sekundäres Mikroplastik aus Makroplastikmüll, den wir nicht sachgerecht in Gelben Säcken entsorgen und der durch mechanische, photochemische, chemische und bakterielle Zersetzung zu Mikroplastik wird. Problematisch daran ist einerseits, dass unsere Kunststoffprodukte nicht nur aus dem Polymer bestehen, sondern auch Additive wie Flammschutzmittel, UV-Stabilisatoren, Weichmacher, Antioxidantien, Restmonomere, Pigmente u. v. m. enthalten, die aus dem Kunststoff unter Umwelteinflüssen herausdiffundieren oder herausgelöst werden. Diese Stoffe sind keinesfalls allesamt unbedenklich. Andererseits bestehen Mikroplastikpartikel fast nur aus

Oberfläche, und mit ihrer hohen Affinität zu organischen Verbindungen adsorbieren sie in Wasser gelöste Schadstoffe nach dem Prinzip »Gleiches löst sich in Gleichem«. Diese mit Giftstoffen beladenen Partikel sind problematischer als in Wasser verdünnte Gefahrstoffe, denn wie schon Paracelsus sagte: »Die Dosis macht das Gift« – und unverdünnt ist sie eben wirkungsvoller.

Ein weiteres Problem: Für den rückläufigen Wasserverbrauch sind unsere Abwassersysteme mit ihren Rohrleitungen vielfach zu groß dimensioniert. Aufgrund der schwachen Strömung kann die Schmutzfracht nicht abtransportiert werden, wenn zu wenig Wasser fließt. Es kommt durch Austrocknungen und niedrigen Wasserstand zu liegen bleibenden Fäkalien und Abwasserresten mit hochkonzentrierter Nährstoff- und Schadstoffbelastung. Von der damit einhergehenden Biofilmbildung und Faulgasentwicklung in diesem Mikroorganismen- und Chemikalienmix können die antiquierten Abwasserrohre angegriffen werden und dann leckschlagen.

Das heißt jedoch nicht, dass wir mehrmals »abziehen« und Wasser verschwenden sollten, um unsere Abwasserleitungen nicht zu zerstören. Das wäre genauso paradox, wie keine Elektroautos zu bauen, deren Akkus wir zu Hause mit Solarenergie tanken, nur weil deswegen die Tankstellen ihr bisheriges Geschäftsmodell radikal überdenken müssten – oder keine Energiesparlampen einzusetzen, weil die nicht in die alten Fassungen unserer Leuchten passen. Natürlich kostet es viel Geld, unsere Abwassersysteme zu sanieren, beispielsweise durch kleiner dimensionierte Rohrinlays. Beim Trinkwasser scheuen wir keinen Aufwand. Beim Abwasser schon. Hier müssen wir Sensibilität zurückgewinnen. Wenn wir den Wasserkreislauf verinnerlichen, muss uns Abwasser ebenso wichtig werden wie Trinkwasser. Dann werden wir nicht vor Investitionen für moderne Abwasserbehandlungssysteme zurückschrecken.

Im Bereich der Kläranlagentechnologie ist ebenfalls einiges in Bewegung. Können wir hier in Zukunft auf Methoden hoffen, die klimaneutraler und klüger sind? Während meiner Rhein-Reise haben mich einige Bürgermeister in Empfang genommen und mir stolz präsentiert, dass in ihren Kläranlagen bereits eine vierte Behandlungsstufe eingesetzt wird, die mittels Aktivkohle die in den ersten drei Behandlungsstufen noch übrig gebliebenen Spurenstoffe, von denen ich einige beispielhaft beschrieben und analysiert habe, fast vollständig adsorbieren. Sowohl in Mannheim als auch in Lahr und in weiteren Kläranlagen verschiedener Bundesländer wird damit etwas für den Gewässerschutz getan. Die Aktivkohle hat den Vorteil gegenüber anderen Adsorbern, dass die Kohlepartikel durch ihre Vielzahl von Kanälen eine extrem hohe Oberfläche besitzen. In einem Gramm Aktivkohle ist die aktive Oberfläche so groß wie ein Fußballfeld.

Der Nachteil ist, dass jegliche organischen Substanzen daran hängen bleiben und das Filtermaterial damit schnell an seine Aufnahmefähigkeitsgrenze stößt. Die unselektiv mit allen möglichen Stoffen beladene Aktivkohle kann nach ihrem Einsatz nur noch verbrannt werden, um sich der teilweise toxischen agglomerierten Spurenstoffe zu entledigen. Würde man alle Abwasseraufbereitungsanlagen mit einer Aktivkohlefiltration ausrüsten, wären die Kosten enorm, und der Ausstoß des Treibhausgases Kohlendioxid bei der Verbrennung des Filtermaterials würde unsere Klimaziele zunichtemachen. Aus diesem Grund wird die Forschung nicht müde, nach einer Alternative zur Aktivkohlefiltration zu suchen, die aktuell zusammen mit der Ozonierung die einzige großtechnisch anwendbare Technologie ist, um Spurenstoffe in Abwasserbehandlungsanlagen zu entfernen.

Ergebnisse aus der ersten Ozonierung in einer kommunalen Abwasserreinigungsanlage (ARA) in Dübendorf in der Schweiz unter der Kontrolle der EAWAG haben gezeigt, dass ein Großteil der Mikroverunreinigungen zerstört werden kann. Da man jedoch die gesundheitsschädigende Wirkung der dabei entstehenden Abbauprodukte teilweise nicht kennt, muss auch dort zur Sicherheit eine Aktivkohlebehandlung nachgeschaltet werden. Die Ozonierung ist zudem energieaufwendig und das O_3-Gas giftig. Zunächst muss das Ozon in einem Ozonisator durch elektrische Lichtbogenentladung aus dem Sauerstoff der Luft generiert und nach seinem Einsatz der Überschuss in einem Restozonvernichter zerstört werden.

An sogenannten AOPs (Advanced Oxidation Processes) wird weiterhin geforscht. Hierzu zählt auch die Abwasserbehandlung mit energiereicher UV-Strahlung. Was zur Entkeimung von Trinkwasser oder Grauwasser im Haushalt und auch für den Abbau von Störstoffen in Prozessbädern in der Industrie erfolgreich eingesetzt wird, kann aus Kostengründen nicht für große Mengen an gesammelten Abwässern eingesetzt werden. Aufgrund der niedrigen Eindringtiefe (von wenigen Zentimetern) der UV-Strahlung in das Wasser können die anfallenden Wassermengen nicht in dem zur Verfügung stehenden Zeitfenster behandelt werden. Hier verspricht die Entwicklung von UV-Dioden, die man im Wasser schweben lassen kann und die von außen über magnetische Induktion schaltbar sind, eine Lösung zu sein, um größere Abwassermengen effektiv zu behandeln. Eine Technologie, die man im Auge behalten sollte.

Natürlich wird auch weiterhin Chemie mit Chemie bekämpft werden, wie bei der Verwendung von Ferrat, einer Eisenverbindung, die in ihrer schadstoffzerstörenden Oxidationskraft mit dem Ozon vergleichbar ist. Ihr Vorteil wäre, dass sie zwei Fliegen mit einer Klappe schlagen könnte. Nachdem die Mikroverunreinigungen oxidativ zerstört sind, bleibt von dem Ferrat dreiwertiges Eisen übrig, welches ohnehin für die Ausfällung von Phosphaten in der chemischen Behandlungsstufe eingesetzt wird. Allein die Herstellung des Ferrats ist noch problematisch und teuer. Entweder wird dafür Chlorgas eingesetzt oder elektrischer Strom, der an Eisenanoden Ferrat entstehen lässt.

Strom ist ein gutes Stichwort. Warum nicht gleich mit Strom Schadstoffe zerstören? Am Ablauf einer Industrieanlage konnte ich zeigen,[7] dass ein Abbau von Perfluorierten Tensiden, einer sehr stabilen toxischen Substanz, ohne schädliche Nebenprodukte möglich ist. Mit der richtigen Prozessführung entstehen neben Kohlendioxid (deutlich weniger als bei der Aktivkohle!) Wasser und Calciumfluorid. Die organische Substanz wird vollständig mineralisiert. Für diese Forschung erhielt ich 2011 den Fraunhofer-UMSICHT-Wissenschaftspreis. Ich bin überzeugt davon, dass man diese Technologie auch noch auf andere Substanzen anwenden kann. Beispiele dafür liefern all die »Blockbuster« unter den aufgelisteten Stoffen, die wir bei unserer Analyse des Rheinwassers gefunden haben. Wenn man Solarstrom für die Elektrizitätsbereitstellung verwendet, würde man quasi der Natur helfen, sich selbst zu »heilen«, und nur die Technik dafür zur Verfügung stellen.

Vor dem Hintergrund der Energiewende ist der Anteil an erneuerbaren Energien an der Elektrizitätsbereitstellung in Deutschland stark gestiegen. Dies bietet die Chance, Überschussströme zu nutzen und für chemische Prozesse wie den Abbau von Schadstoffen die Elektrochemie einzusetzen. Ob nun an biologischen Hormonfiltern geforscht wird, welche die Rückstände der Antibabypille aus Trink- und Abwasser entfernen, oder abbaubare und damit umweltfreundlichere Antibiotika entwickelt werden, um die Gewässerbelastung mit diesen Stoffen zu reduzieren – all das ist eine erfreuliche Entwicklung, gerade weil bei vielen Medikamenten ihre langfristige schädliche Wirkung auf unterschiedliche Organismen noch nicht bekannt ist. Es gibt bereits gut bis vollständig abbaubare Wirkstoffe, zum Beispiel das Antiepileptikum Valproinsäure. Von einigen Medikamenten wurde die Bioverfügbarkeit verbessert, sodass weniger Reste ausgeschieden werden. Gleichzeitig können mit diesen Neuentwicklungen auch Verbesserungen in der Wirksamkeit erzielt werden, sodass niedrigere Konzentrationen appliziert werden können.

Da unsere Gesellschaft, trotz etwas ansteigender Geburtenrate in 2015, weiter altert, werden immer mehr Menschen ihren letzten Lebensabschnitt in Alten- und Pflegeheimen, betreutem Wohnen oder Krankenhäusern verbringen. Genau diese Gesellschaftsgruppe der Hochbetagten steht am stärksten unter Medikation. Für ein altersgerechtes nachhaltiges Wohnen sind auch die Abwässer dieser Einrichtungen in Betracht zu ziehen. Die Abwässer der genannten Institutionen sind mit Pharmaka stark belastet. Hier würden die neuen

Medikamente die Situation der belasteten Abwässer stark verbessern. Bis allerdings ein neues Medikament alle klinischen Studien durchlaufen hat und zur Marktreife gebracht ist, fließt viel Wasser den Rhein hinunter. Es können bis zu zehn Jahre vergehen. Diese Zeit haben wir nicht, zumal wir nicht auf einen Schlag alle 3000 Wirkstoffe gleichzeitig durch besser abbaubare und wirksamere substituieren können. Einen schnelleren, direkt wirkenden positiven Effekt auf unsere Umwelt, zusätzlich zu den laufenden Forschungsarbeiten, hätte das skizzierte bewusstere Verbraucherverhalten:

Wir können durch eine Verhaltensänderung sofort damit beginnen, die Mikroverunreinigungen in unseren Gewässern wie dem Rhein abzubauen, und das ohne finanziellen Aufwand. Anregungen dafür hoffe ich mit diesem Buch gegeben zu haben. Wenn es mir gelungen ist, mit meinem Bericht über das Projekt »Rheines Wasser« und das damit verbundene Abenteuer nur einige Menschen zu erreichen und diese für die Bedeutung des Gewässerschutzes zu sensibilisieren, dann hat sich die Mühe gelohnt, 1231 Kilometer durch den Rhein zu schwimmen.

DANKSAGUNG

Bedanken möchte ich mich natürlich zuallererst bei meiner Familie und besonders bei meiner Frau Nicola: für die bedingungslose Unterstützung vor dem großen Abenteuer und während des Schwimmens, aber auch in der Zeit des Schreibens, während derer im Haushalt doch so einiges liegen blieb. Wertvolle Dienste bei der Bearbeitung des Textes leisteten Dr. Carsten Tessmer und Jutta Neumann, denen ich für ihre Verbesserungsvorschläge sehr dankbar bin.

Bedanken möchte ich mich an dieser Stelle auch bei:

Film-, Web- und Mediateam   Jutta Neumann, Dr. Carsten Tessmer, Martin Aichele, Windy Asrydia, Johannes Baudrexel, Max J. H. Bodendorf, Mario Siebold, Tam-Tam Tran, Alex John, Carsten Hennig, Christian Gehrig, Dennis Kipper, Erik Meiß, Jana Lipowsky, Hubert Braxmaier, Morag Lehman

Analytikteam   Helga Weinschrott, Tim Bornschein, Dennis Carrer, Achim Rau, Jonas Loritz, Anne Jenner, Philipp Walter Neek, Tatjana Engel, Silvan Halmosi, Dr. Matthias Ruff, Dr. Frank Sacher

Helfer   Dr. Bernhard Vondenbusch (Bootskapitän), Michael Böhm (Rettungsschwimmer), Philipp Kron (Rettungsschwimmer)

Paddler   Tobi Fischer, Franz Wölfle, Felix Wölfle, Daniel Albiez, Gabi Koch, Klaus Koch, Martin Suhm, Jurgen Baumann, Klaus Lustig, Norbert Kopp, Leo Fath, Tim Böhler, Sandra Albiez, Mathilda Albiez, Emilia Albiez

Organisation   Nicola Fath, Dr. Rolf Schofer, Birgit Rimpo-Repp, Marina Taichrib, Helena Herner

Den Firmen und Forschungseinrichtungen   EAWAG; Dr. Matthias Ruff, AWI; Birte Beyer, Dr. Gunnar Gerdts; Dr. Löder, TZW; Dr. Frank Sacher, Scienion; Dr. Holger Eickhoff, Wetsus; Gerrit Outdakker, Wolftechnik; Peter Krause

Einen speziellen Dank an: Tauchclub Muräne Karlsruhe, Contargo, Rheinwaal, Campingplatz Köln, Dirk Bornhorst, Lukas Etzweiler, Torsten Mayer, Ulrich Schumacher, Daniel Unger, Uwe Kiehl & Team, Dr. Hans-Peter Deigner, Enzo Fath, Moritz Fath, Leo Fath, Rolf Fath, Traudel Fath, Roland Hirschmann, Markus Karrer, Klaus Vetter, Norbert Gut, Wolfgang Zepf, Ulrich Beha, Heike Kunzelmann, Christine Nowotni, Georg Schandelmaier, Markus Gebhardt, Dr. Johannes Ebberink, Hans-Jürgen Spathelf, Thomas Meier, Franz Schnurr, Frank Weinschrott, Kati Rothe, Dr. Holger Eickhoff, Werner Bosch, Thorsten Schulte, Uwe Buick, Joachim Prinzbach, Joachim Eitel, Harry Bodendorf, Eva Allgaier, Roy van Es, Ursula Brandt, Kenneth Pieters, Jan Rossel, Johannes Segura, Zentrum für interdisziplinäre Therapien Konstanz, HTW Chur, Flurina Simeon, Hanspeter Manzoni, Freediving Ostschweiz, Rene Trost, Michael Weisser, Tauchergruppe Pinguin, Bäckerei Hahn, Swiss River Adventure, Herr Sütterlin, Yachtclub Weil, Feuerwehr Inzlingen, Sporttaucher Breisach, Annette Senn, Tourismusbüro Breisach, Gunter Müller, Andreas Klein, Dr. Heinz Sauerburger, Herr Überle, Hochschule Bingen, Kanuclub Post SV Bonn, Yachthafen Z. V. De Lek, Irene van der Klugt, Tie Schellekens, Port of Rotterdam, Annie van den Bos, Fördergesellschaft der HFU

Außerdem danke ich allen Sponsoren und Unterstützern, ohne die dieses Projekt niemals möglich gewesen wäre.

Hansgrohe, Hobart, Schnabel Metallveredlung, Gastliches Kinzigtal, DHL, Sebamed, Mäder Werbetechnik, Wetsus (Niederlande), UK Germany, Pressrelations, EAWAG, Technologiezentrum Wasser, Alfred-Wegener-Institut, Uni Bayreuth, Perkin Elmer, M + N, Bürstner, Wolf Filtertechnik, Swiss River Adventures, 2XU, Züblin Umwelttechnik, Scienion, Schiltknecht, Fath Components, Wilhelm Keller, Kölln Flocken, Dextro Energy, IMIA net based solutions, WeSPOT

ANMERKUNGEN

1 Browne, Mark Anthony; Crump, Phillip; Niven, Stewart J.; Teuten, Emma; Tonkin, Andrew; Galloway, Tamara & Thompson, Richard (2011): *Accumulation of microplastic on shorelines woldwide: sources and sinks.* Environmental science & technology: 21, S. 9175–9179.

2 Zubris, Kimberly Ann V & Richards, Brian K. (2005): *Synthetic fibers as an indicator of land application of sludge.* Environmental pollution (Barking, Essex: 1987): 2, S. 201–211.

3 Mato, Yukie; Isobe, Tomohiko; Takada, Hideshige; Kanehiro, Haruyuki; Ohtake, Chiyoko & Kaminuma, Tsuguchika (2001): *Plastic Resin Pellets as a Transport Medium for Toxic Chemicals in the Marine Environment.* Environmental science & technology: 2, S. 318–324.

4 Oehlmann, Jörg; Schulte-Oehlmann, Ulrike; Kloas, Werner; Jagnytsch, Oana; Lutz, Ilka; Kusk, Kresten O.; Wollenberger, Leah; Santos, Eduarda M.; Paull, Gregory C.; Van Look, Katrien J W & Tyler, Charles R. (2009): *A critical analysis of the biological impacts of plasticizers on wildlife.* Philosophical transactions of the Royal Society of London. Series B, Biological sciences: 1526, S. 2047–2062.

5 Teuten, Emma L.; Saquing, Jovita M.; Knappe, Detlef R. U.; Barlaz, Morton A.; Jonsson, Susanne; Björn, Annika; Rowland, Steven J.; Thompson, Richard C.; Galloway, Tamara S.; Yamashita, Rei; Ochi, Daisuke; Watanuki, Yutaka; Moore, Charles; Viet, Pham Hung; Tana, Touch Seang; Prudente, Maricar; Boonyatumanond, Ruchaya; Zakaria, Mohamad P.; Akkhavong, Kongsap; Ogata, Yuko; Hirai, Hisashi; Iwasa, Satoru; Mizukawa, Kaoruko; Hagino, Yuki; Imamura, Ayako; Saha, Mahua & Takada, Hideshige (2009): *Transport and release of chemicals from plastics to the environment and to wildlife.* Philosophical transactions of the Royal Society of London. Series B, Biological sciences: 1526, S. 2027–2045.

6 Liebezeit, Gerd & Liebezeit, Elisabeth (2014): *Synthetic particles as contaminants in German beers.* Food additives & contaminants. Part A, Chemistry, analysis, control, exposure & risk assessment: 9, S. 1574–1578.

7 Fath, Andreas; Sacher, Frank; McCaskie, John E. (2016): *Electrochemical decomposition of fluorinated wetting agents in plating industry waste water.* Water Science & Technology: 73.7, S. 1659–1666.